泰山学院学术著作出版基金资助出版

山东省重点用人单位引进人才和培养人才融合模式研究

王爱琴　柏海燕　袁庆远　著

中国矿业大学出版社
·徐州·

内容提要

本书在对山东省重点用人单位引进人才与培养人才现状进行分析的基础上，指出了当前山东省重点用人单位引进人才与培养人才融合发展中存在的主要问题，并对存在问题的主要原因进行了详细分析。本书最终构建了山东省重点用人单位引进人才与培养人才融合发展的有效模式。

图书在版编目(CIP)数据

山东省重点用人单位引进人才和培养人才融合模式研究 / 王爱琴，柏海燕，袁庆远著. — 徐州 ：中国矿业大学出版社，2020.12

ISBN 978 - 7 - 5646 - 4839 - 8

Ⅰ. ①山… Ⅱ. ①王… ②柏… ③袁… Ⅲ. ①人才培养—研究—山东 Ⅳ. ①C961

中国版本图书馆 CIP 数据核字(2020)第 242660 号

书　　名　山东省重点用人单位引进人才和培养人才融合模式研究
著　　者　王爱琴　柏海燕　袁庆远
责任编辑　齐　畅
出版发行　中国矿业大学出版社有限责任公司
（江苏省徐州市解放南路　邮编 221008）
营销热线　(0516)83884103　83885105
出版服务　(0516)83995789　83884920
网　　址　http://www.cumtp.com　**E-mail**:cumtpvip@cumtp.com
印　　刷　苏州市古得堡数码印刷有限公司
开　　本　787 mm×960 mm　1/16　**印张** 13.5　**字数** 200 千字
版次印次　2020 年 12 月第 1 版　2020 年 12 月第 1 次印刷
定　　价　58.00 元

序

当前,国与国之间的竞争越来越表现为人才之间的竞争。用人单位的引进人才与培养人才机制是否合理,直接关系到人才工作积极性的发挥,关乎用人单位的长远发展。然而,据初步调查发现,山东省重点用人单位引进人才与培养人才状况并不乐观,具体表现为引进人才过程不规范,培养人才措施不到位,缺乏引进人才与培养人才融合的有效机制。这导致人才的工作积极性普遍偏低,严重阻碍了用人单位的长足发展,影响了山东省整个国民经济的发展大局。在这种情况下,结合山东省重点用人单位自身特点,探讨一套合适的引进人才与培养人才融合模式显得尤为迫切。

笔者通过对山东省多家重点用人单位的实地调研,获取了较为翔实的第一手资料,深入了解了当前山东省重点用人单位引进人才、培养人才以及引进人才与培养人才融合方面的状况;运用统计软件对调查问卷中获取的数据进行系统完善的分析,在此基础上总结分析出山东省重点用人单位引进人才与培养人才融合中存在的主要问题,并有针对性地提出了提高山东省重点用人单位引进人才与培养人才融合的有关措施。通过研究分析,力争达到提高山东省重点用人单位人才的工作积极性和满意度,构建合适的引进人才与培养人才融合模式,提高重点用人单位的竞争力和经济效益,促进山东省整体经济长足发展的目的。

本书结合山东省重点用人单位人力资源管理现状和引进人才及培养人才中存在的主要问题,以科学发展观为指导,运用人力资源管理理论、企业管理理论、市场经济学理论，探讨重点用人单位引进人才与培养人才融合中存在的主要问题，指出引进人才与培养人才融合中应采取的有效措施，形成了较为完善的理论框架。

本书具有以下特点：

第一，系统性。本书对人才相关理论进行了系统梳理，对国内外研究现状进行了全面总结，内容涵盖了人才理论所需的基本知识点，可以使读者对人才思想的发展脉络有系统的、清晰的把握。

第二，创新性。本书不仅研究了山东省重点用人单位引进人才与培养人才的有关问题，还重点探讨了引进人才与培养人才如何融合发展的问题。这弥补了以往研究中将引进人才与培养人才分割开来进行研究的不足之处，使管理层在制定人才政策时，能从更加宏观的角度将引进人才与培养人才结合起来进行考虑，使引进人才与培养人才这两个方面能够有机结合、相互促进、协调发展。

第三，理论分析与实证分析相结合。本书在写作过程中注重采用实证分析的方法，通过选取山东省有代表性的重点用人单位进行实地调研，并对调查数据进行深入分析，从中找出山东省重点用人单位在引进人才、培养人才以及引进人才与培养人才融合中存在的主要问题，在此基础上提出了有针对性的解决对策。

本书所探讨的引进人才与培养人才融合模式问题只是山东省重点用人单位发展中众多问题的一个方面，要想全面解决重点用人单位发展中的问题还需要很多其他方面的研究加以补充，比如组织管理问题、融资问题、技术创新问题等方面。由于笔者学术造诣不够深，掌握的理论知识不够全面，所提出的观点和见解只是一些较浅显的认识，疏漏之处在所难免，希望大家对本书提出宝贵的意见。

作　者

2020 年 3 月

目 录

1 绪 论

1.1 研究背景

1.1.1 国家发展的大背景

当前,随着科技革命的迅猛发展,经济全球化的趋势不断增强,国际竞争形势愈演愈烈。在这种情况下,如何在国际竞争的大环境中保持自身竞争优势,凭借自身的比较优势超越竞争对手成了当前各国关注的重要问题。在这个过程中,各国越来越意识到人才对于一个国家发展的重要意义;越来越意识到要想在国际竞争的大环境中得以发展,必须要具备较高的人力资源开发水平、完备的人才选用投入与服务机制、良好的人才发展硬环境和人才发展软环境。

当前,人才资源作为经济社会发展第一资源的特征和作用更加明显,人才竞争已经成为综合国力竞争的核心。党的十九大报告指出:实行更加积极、更加开放、更加有效的人才政策,以识才的慧眼、爱才的诚意、用才的胆识、容才的雅量、聚才的良方,把党内和党外、国内和国外各方面优秀人才集聚到党和人民的伟大奋斗中来。目前,是中国特色社会主义进入新时代的关键时期,国家从整体战略上对人才的发展越来越重视,这为人才的发展提供了良好的大环境。

1.1.2 区域间人才竞争的背景

从国内各区域人才竞争的现状来看，当前区域竞争越来越激烈，国内各个省份对人才的重视程度不断增强，近几年各省陆续出台了一系列吸引人才、留住人才、培养人才、发展人才等方面的优惠政策。比如浙江省为高层次人才提供股权融资、上市辅导等服务，创设了“人才保”业务，为高层次人才提供授信担保，解除了高层次人才的后顾之忧。广东省在省人力资源和社会保障厅人才服务局办事大厅设立了广东省引进高层次人才一站式服务专区，安排专人负责受理引进高层次人才公共服务项目申请材料，承办和代办有关手续，实行高层次人才一站式受理、一次性告知、一条龙服务。这些良好的人才政策为人才的引进和人才的发展提供了良好的环境，人才的工作积极性不断提高。但是，随着人才的流动性不断增强，优秀人才的就业选择面越来越广阔，优秀人才在择业、就业、更换职业的过程中越来越忽视距离的影响，这与十年前人才的择业观相比较发生了很大的变化。十年前，人才在就业的选择中会将离家远近、配偶的就业区域、能否照顾家庭等方面放在重要地位。而现在，人才在就业的过程中更加关注的是物质待遇是否优厚、当地的人才政策是否有利于自身发展、当地政府和用人单位能否提供自身发展所需的配套措施等方面。

在这种情况下，为了满足人才的多样化需求，为了吸引和留住优秀人才，各省之间的“人才大战”愈演愈烈，人才竞争越来越残酷，稍不留意人才就会流失，就会严重影响当地经济和社会的发展。如何在激烈的人才竞争中立足，如何在“人才大战”中取胜，成为摆在各级政府面前、摆在企业管理层面前的头等大事。山东省是我国的人口大省，人才众多，各个领域的优秀人才是各行业发展的中坚力量和重要保障，加快引进和培养人才、促进引进人才和培养人才的有效融合是山东省经济发展的现实需要，对推动行业的发展起着至关重要的作用，对推动山东省的经济发展起着举足轻重的作用。

1.1.3 山东省经济发展的背景

当前山东省正处于新旧动能转换的重要时期，在新旧动能转换的大背景下，人才的重要作用愈发凸显。山东省政府越来越意识到人才对于山东省整体经济发展的重要意义，政府各部门从各个层次、各个角度出台了一系列吸引人才、培养人才的政策措施。近几年，山东省通过不断深化人才发展体制机制改革、精心打造和有力推动实用人才工程，从各个方面促进人才优惠政策的有效落实，在引进人才的基础上更加注重对人才的培养。为了更好地发挥人才优势、激发人才活力，山东省坚持以人为本，树立科学的人才观，通过各种措施营造了尊重人才、重视人才、培养人才的良好社会风气。通过建立科学合理的人才分配制度、人才评价标准、人才服务机制，在响应国家“千人计划”“万人计划”的基础上不断推出一系列吸引人才、留住人才、培养人才的人才项目，实现了人才数量与人才质量两手抓两手都要硬。在这种良好的形势带动下，各层次人才的活力得以激发，用人单位的效益得以提高，山东省经济社会的发展也因此受益。

山东省第十一次党代会提出打好培养、吸引、留住、用好人才的组合拳，广聚天下英才，建设人才强省。2018 年 4 月 27 日，山东省委组织部召开了《关于做好人才支撑新旧动能转换工作的意见》发布会，在发布会上对《关于做好人才支撑新旧动能转换工作的意见》进行了全面解读。该意见总体分为七个部分，分别是总体要求、实施更加精准聚焦的人才工程、建立更加开放灵活的引才用才机制、健全更加实用有效的人才培养开发模式、打造更具生机活力的创新创业载体、营造更具竞争力的人才生态环境、加强组织领导。以健全更加实用有效的人才培养开发模式为例，该意见提出了“六大人才培养计划”，分别是:新工科优先发展计划、青年人才国际化培养计划、企业家发展领航计划、企业博士(后)集聚计划、高技能人才素质提升计划、哲学社会科学优秀人才培养计划。“六大人才培养计划”从多个方面提出了关于人才培养方面的一系列重要举措和优惠措施，对人才的培养和发展具有十分重要的意义。

2019 年 9 月，山东省第十三届人民代表大会常务委员会第十四次会议对《山东省人才发展条例(草案)》进行审议。该条例草案突破了现有的人事管理规定，提出了一系列突破常规引才、柔性引才的政策措施，表明山东省政府对人才的重视程度提高到了一个新的层次和高度，凸显了政府对引进人才、培养人才的决心。例如，该条例草案提出对于国际一流或者顶尖人才团队，在引进政策和支持政策等方面要不局限于现有政策的规定，可以采用一事一议、一人一议的方式，想方设法让这些人才、团队为山东省经济和社会发展贡献力量。对于急需紧缺的专业人才，高校、科研机构和其他企事业单位在引进人才的过程中可以根据具体情况进行具体分析。比如可以通过设置特设岗位或者流动岗位的方式加以引进，在考核的过程中也可以与所在单位的其他员工引进时的考核方式加以区分，可以采取直接考核的方式加以考核，这样就可以避免受到单位人员比例结构、单位岗位总量、岗位等级分布等方面的限制。这项引进人才措施的出台，将极大地满足一些用人单位对急需紧缺专业人才的需求，对用人单位的长远发展具有重要意义。该条例草案还提出了人才评价方面的重要措施，指出人才评价是人才措施落实的重要依据，具有至关重要的作用。在人才评价的过程中，要改革现有评价体系中的不足之处，要创新人才评价标准和评价方式，更加准确、客观、有效地评价人才的贡献。在对人才进行评价的过程中，要重视品德、能力、业绩的综合作用，改变过去“唯业绩论”的错误的评价方式。在设置评价内容和评价标准时，要改革以往只看成果总量的方式，要注重考察代表性成果的质量、贡献、影响。这项措施有利于鼓励和支持优秀人才研发高层次成果和对经济社会发展有重要意义的成果。该条例草案还提出要尊重人才、最大程度上实现人才价值；提出了对优秀人才要实行物质激励与精神激励相结合的方式，在对人才激励的过程中要最大程度上释放人才激励因子，要让优秀人才名利双收，最大程度上激发优秀人才的工作积极性和创造性，发挥优秀人才对经济社会发展的重要作用。在物质激励方面，用人单位要根据自身情况采取灵活多样的激励方式，对于优秀人才，可以通过股权、期权、分红等中长期激励方式，留住人才、激发人才活力，提高人才工作积极性。在分配方式方面，可以采用年薪制、协议工资制和项目工资制等分配方式，满足优秀人才的多样化需求。

因此，综合以上所述国家发展、区域间人才竞争和山东省经济发展的背景，我们可以发现人才问题已经成为摆在国家、区域、用人单位面前的头等大事。没有优秀人才就没有发展出路，优秀人才是用人单位发展的基础，是区域竞争的需要，更是国家竞争的根本。本书的研究选题正是在这样的背景下展开的，以山东省重点用人单位为研究对象，对引进人才和培养人才的现状进行分析，并深入探讨引进人才与培养人才融合的相关问题。本书的选题契合了时代发展的大背景，迎合了经济社会发展的需要，具有重要的现实意义。

1.2 研究意义

1.2.1 理论意义

目前，关于引进人才与培养人才方面的文献虽然很多，但是学者们大多是零散地提出一些引进人才和培养人才方面的有关措施。首先，将引进人才与培养人才综合起来，考虑引进人才与培养人才如何相互融合以提高人才的工作积极性、促进用人单位发展的文献并不多见。其次，不管是在引进人才还是在培养人才方面，很多研究文献是泛泛而谈，没有对研究对象进行明确界定，研究结论缺乏实用性和针对性。另外，通过对当前学者的研究文献进行查阅，发现一些研究文献对人才方面的理论的梳理还不够系统完善，这导致对理论的理解不够深刻，给后续的实证研究造成了一定的困难。

本书选取山东省重点用人单位引进人才和培养人才融合发展作为研究对象，主要研究了山东省重点用人单位引进人才与培养人才融合发展过程中出现的问题。在进行研究时，首先对引进人才与培养人才方面的有关理论进行了系统梳理，系统地介绍了人才方面的基本理论、人才的本质特征、当前人才需求的发展趋势。本书对国内外学者的研究现状进行了系统梳理，分别从引进人才和培养人才两个方面按照时间先后顺序对国内外学者的研究现状进行了介绍，使读者在了解人才方面的国内外研究现状的同时，能够发现以往研究中存在的不足之处。其次，本书的研究对象界定非常清晰，选取山东省重点用人单位，主要是将山东省中小企业作为调查对象，探讨引进人才、培养人才，以及引进人才与培养人才融合发展的有关问题。调查对象的选择区域性强，企业类型划分明确，因此研究对象界定清晰，研究结论更具针对性、实用性、可操作性。从这几个方面可以看出，本书的研究具有重要的理论意义。

1.2.2 现实意义

通过对研究文献进行查阅发现，以往关于引进人才与培养人才的文献中，大多数采用的是理论综述和对策介绍的方式，并结合研究对象在引进人才和培养人才中存在的不足之处，提出了有关解决方案。采用实地调研的方式，通过实证研究得出研究结论并提出相应的解决对策的研究文献并不多见，这导致了研究结论因为没有数据支撑而缺乏说服力，研究结论的针对性不强。本书选取山东省重点用人单位为调查对象，以政府鼓励和支持的重点用人单位为代表，研究了山东省重点用人单位引进人才、培养人才的有关问题，并重点探讨了引进人才与培养人才如何进行融合的有关问题。笔者深入山东省具有代表性的中小企业内部进行了实地调研，与企业管理层以及各层次人才进行了深入的访谈。通过发放调查问卷的方式，掌握了当前山东省重点用人单位在引进人才与培养人才，以及引进人才与培养人才融合方面的第一手数据，为后续的研究提供了翔实的数据支撑，为确保研究成果的针对性和实用性奠定了坚实的基础。笔者通过对调查数据采取描述性统计分析、方差分析等多种统计分析方法，总结了当前山东省重点用人单位在引进人才与培养人才融合发展方面的状况，并结合现状重点分析了引进人才与培养人才融合中存在的主要问题。在借鉴其他省份引进人才与培养人才的成功经验的基础上，将其他省份引进人才、培养人才，以及引进人才与培养人才融合的成功经验应用于山东省重点用人单位的引进人才与培养人才的过程中，最终提出了山东省重点用人单位引进人才与培养人才，以及引进人才与培养人才融合发展的系统的政策措施。

本书研究对象明确，研究数据翔实，数据分析全面，研究对策针对性强，具有重要的实践意义。本研究成果契合山东省中小企业的发展现状，瞄准了中小企业引进人才与培养人才过程中存在的主要问题。将本研究成果用于中小企业有利于山东省中小企业更好地聚才、用才。一方面用人单位的优秀人才数量会不断增加，另一方面人才工作的积极性和主动性将得以提高，这将有助于提高用人单位的整体效益，有利于推动山东省整体经济的长足发展。因此，这一研究成果具有重要的现实意义。

当前，山东省政府提出了"人才强省"的战略，政府部门越来越意识到人才对山东省经济发展的重要意义，各级政府相继出台了一系列吸引人才、鼓励人才发展的政策措施。山东省内各事业单位、企业、高校、科研管理部门等也纷纷出台了一系列人才方面的优惠措施。在这样的大背景下，该研究成果契合了山东省政府的政策要求，与中小企业当前的发展状况和发展需求相吻合。这在一定程度上有助于促进山东省政府"人才强省"战略的落实，有助于用人单位引进人才与培养人才战略的落实，有利于促进山东省中小企业产学研的协同发展和创新。山东省正处于经济发展方式转变和经济发展结构调整的重要时期，本研究成果将有助于发挥人才在山东省经济发展方式转变和经济结构调整中的重要作用，有助于打造"人才山东"的品牌，提高"人才山东"的品牌知名度，有助于人才结构的科学化、合理化，有利于促进人才的合理流动和资源的有效配置，实现人才结构的梯队化建设。

另外，本研究成果不仅研究了山东省重点用人单位引进人才与培养人才的有关问题，还重点探讨了引进人才与培养人才如何融合发展的问题。这弥补了以往将引进人才与培养人才分割开来进行研究的不足之处，使中小企业管理层在制定人才政策时，能从更加宏观的角度将引进人才与培养人才结合起来进行考虑，使引进人才与培养人才这两个方面能够有机结合、相互促进、协调发展。探讨山东省中小企业如何做到引进人才与培养人才的有机融合，能够拓宽管理层制定人才政策时的视野，有助于中小企业人力资源管理的优化和发展，有利于促进优秀人力资源的合理、有序流动，有助于优秀人才在更好的平台中施展自己的才华，提高人才的工作积极性和工作满意度，增强企业的凝聚力和向心力。本研究成果有助于推动山东省产业转型升级、推动创新驱动发展战略的落实，有助于形成可持续的人才竞争优势，推动山东省经济的长远发展。从这些角度来看，本研究成果具有重要的现实意义。

1.3 概念界定

本书的书名为《山东省重点用人单位引进人才和培养人才融合模式研究》，其中，"重点用人单位"主要是指山东省重点行业的中小企业（在本书叙述中，"重点用人单位""用人单位""中小企业"均是一个意思）。中小企业的界定标准见表1-1所列。

表 1-1　中小企业界定标准

行业名称	指标名称	中型企业	小型企业
工业企业	从业人员数/人	300～2 000	300 以下
	年销售额/万元	3 000～30 000	3 000 以下
	资产总额/万元	4 000～40 000	4 000 以下
建筑业企业	从业人员数/人	600～3 000	600 以下
	年销售额/万元	3 000～30 000	3 000 以下
	资产总额/万元	4 000～40 000	4 000 以下
批发业企业	从业人员数/人	100～200	100 以下
	年销售额/万元	3 000～30 000	3 000 以下

表 1-1(续)

行业名称	指标名称	中型企业	小型企业
零售业企业	从业人员数/人	100～500	100 以下
	年销售额/万元	1 000～15 000	1 000 以下
交通运输业企业	从业人员数/人	500～3 000	500 以下
	年销售额/万元	3 000～30 000	3 000 以下
住宿和餐饮业企业	从业人员数/人	400～800	400 以下
	年销售额/万元	3 000～15 000	3 000 以下

1.4 研究思路

清晰的研究思路和完善的研究框架是确保研究成果质量的关键。同其他实证研究的思路一样，本书在进行研究的过程中，按照提出问题—分析问题—解决问题的思路，从这三大模块出发，由浅入深、由表及里，从现象到本质，对所研究的问题逐步进行剖析，最终达到了解决问题的目的。

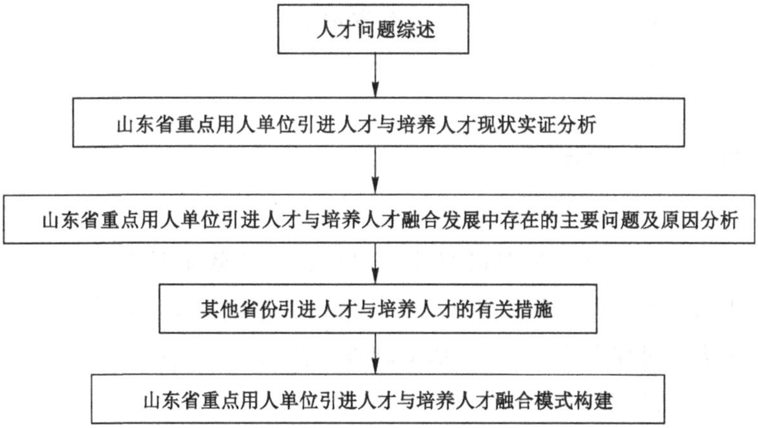

图 1-1 山东省重点用人单位引进人才与培养人才融合模式研究框架

具体来说，本书的主要研究思路是：第一，对人才问题进行综述。从对人才“德”的基本要求和对人才“才”的基本要求两个方面介绍人才的定义；从业务和专业需求、市场和客户需求、企业文化需求、发展战略需求这几个方面详细说明了人才的标准；从人才的社会历史进步性、人才的相对性及层次性、人才的普遍性和专业性、人才的创造性、人才的客观实践性等方面阐述人才的本质特征；说明人才的来源渠道，包括人才的外部引入与合作、人才的内部开发与培养两方面；介绍人才的基本理论，包括人才资本流动理论和人才资本配置的基本原理。第二，通过深入山东省有代表性的重点用人单位进行实地调查，对山东省重点用人单位的管理者和人才进行访谈和问卷调查，深入分析山东省重点用人单位引进人才与培养人才，以及引进人才与培养人才融合的现状。对调研获取的数据资料进行详细的统计分析，包括描述性统计分析、因子分析、方差分析等。第三，结合对山东省重点用人单位引进人才与培养人才实证调研的数据分析，提出当前山东省重点用人单位引进人才与培养人才，以及引进人才与培养人才融合中存在的主要问题，并从多个方面对造成这些问题的主要原因进行具体分析。第四，结合山东省重点用人单位引进人才与培养人才中存在的主要问题，通过借鉴其他省份引进人才与培养人才方面的成功经验，从多个角度提出山东省重点用人单位引进人才与培养人才融合的有关对策。

1.5 研究方法

科学合理的研究方法对研究能否取得良好的效果具有非常重要作用。在研究山东省重点用人单位引进人才与培养人才融合发展问题的过程中，本书采取了多种研究方法，主要包括文献查阅法、访谈法、问卷调查法、统计分析法、归纳分析法等。

1.5.1 文献查阅法

所谓文献查阅法是指笔者通过对以往的研究文献进行查阅，了解该研究领域的最新进展情况，为研究的顺利进行提供理论支撑。任何实证研究方法都不能完全脱离理论的支撑，理论研究是实证研究的基础。通过文献查阅的方法，认真研究以往专家学者在该领域的相关文献资料，能对相关的理论成果有整体系统的把握，清晰地了解本领域理论的发展脉络，从而为本研究的开展打下良好基础。

笔者在对山东省重点用人单位引进人才与培养人才融合问题进行具体的研究前，通过网络及期刊等多种途径收集和查阅了大量有关引进人才与培养人才方面的已有研究成果和最新研究资料。笔者按照时间的先后顺序重点查阅和了解了国内外专家学者在引进人才与培养人才方面的相关理论，从总体上把握了专家学者在引进人才与培养人才方面，以及引进人才与培养人才融合方面的最新研究成果，并对研究成果的成功经验和不足之处进行了系统整理。在对所查阅的文献资料进行系统梳理的基础上，笔者对国内外引进人才与培养人才融合方面的理论成果进行了借鉴，为本研究的顺利开展奠定了良好的理论基础。

1.5.2 访谈法

访谈法研究的主要目的是获取翔实的调查数据，以便于分析山东省重点用人单位引进人才、培养人才以及引进人才与培养人才融合方面的现状及存在的主要问题。访谈法主要分为个别访谈和小组访谈两种方式，这两种方式面对的访谈群体是不同的。个别访谈主要是以山东省中小企业的各个管理层代表作为访谈对象，将事先设计好的有关引进人才与培养人才的题项准备好，通过一对一的访谈，访谈人员当面向被访谈人员提问，被访谈人员就各个问题当面回答，访谈人员对被访谈人员的回答逐一记录。小组访谈主要是以中小企业的员工为访谈对象，根据被访谈的员工数量可以分出多个访谈小组，每个访谈小组的人员数量为 6～8 人，也可以根据实际情况相应增加，但以不超过 15 人为宜。访谈人员将事先准备好的问题向小组成员提问，小组内的成员自由发言，将自己对有关题项的真实感受告知访谈人员，访谈人员逐一进行记录。

不管是个别访谈还是小组访谈，其目的都在于掌握被访谈人员对于所在单位引进人才与培养人才方面的看法和建议，初步了解用人单位引进人才与培养人才以及引进人才与培养人才融合方面存在的主要问题，从而为调查问卷的最终形成奠定基础。访谈法的优点是访谈人员能够和被访谈人员进行面对面交流，访谈人员能够更为清晰地了解被访谈人员对用人单位引进人才与培养人才方面的具体看法。但是访谈法（特别是小组访谈）有一个较为明显的缺点，那就是很多被访谈人员坐到一起进行讨论，难免会有人员在回答问题时有所顾忌，在回答访谈人员的提问时有可能隐藏自己内心的真实感受，这样必然会对后续设计的调查问卷的质量产生不利影响。因此，如果采用小组访谈方式，访谈人员一定要注意在题项的设置中最好不要涉及被访谈人员特别敏感和忌讳的问题。对于那些在小组访谈中不能讨论的问题，可以在调查问卷的设计中采取匿名填写的方式予以弥补。这样，在小组访谈的过程中，被访谈人员能够真实地表达自己的观点和看法，访谈人员也能够了解到真实有效的信息。

1.5.3 问卷调查法

问卷调查法是指笔者以文献查阅法、访谈法作为基础，将事先了解到的山东省重点用人单位引进人才与培养人才融合的有关问题作为编制调查问卷的基础和前提，通过编制题项的方式，事先制成问卷调查表，然后将调查问卷发放到被调查人员手中，以收集调查数据的一种实证研究方法。采用这种研究方法时，调查问卷题项的编制是否完善直接关系到调查结果是否真实、有效。因此，调查问卷的编制一定要严谨、认真，对于一些不能确定的题项要进行反复修改和完善，题项编制好后还要向人力资源管理方面的有关专家征求意见，针对专家提出的意见再进行修改，最终形成调查问卷。

调查问卷编制好后，要进行调查问卷的发放工作。在发放调查问卷的过程中，一部分调查问卷现场发放到被调查者手中，另一部分调查问卷通过邮寄、电子邮件的方式进行发放。调查问卷的发放工作完成后，对于那些现场发放的调查问卷，调研者要与用人单位协商，组织好调查问卷的填写工作，确保被调查者在规定的时间内真实、有效地填写完调查问卷。对于以邮寄、电子邮件方式发放的调查问卷，调研者也要与用人单位工作人员协商好问卷填写的时间，确保调查问卷填写人员的范围符合问卷要求，确保调查问卷填写的质量。需要注意的是，调查问卷一般采用的是匿名填写的方式，这样更有利于保证调查问卷的真实性和有效性。在调查问卷填写工作完成后，调研者要进行调查问卷的收集工作，在收集调查问卷的过程中，对于填写不符合要求的调查问卷要加以剔除。

1.5.4 统计分析法

统计分析法的应用范围非常普遍，目前已经成为适用于几乎所有学科领域的通用数据分析方法，对研究过程的顺利开展具有非常重要的作用。研究者通过统计分析研究方法，可以对所收集的调查数据进行系统整理、分析和解释，在此基础上得出有关结论，为后续研究的顺利开展提供有力的数据支撑。

在研究过程中，笔者深入山东省多家中小企业进行实地调研，在实证研究中广泛地运用了统计分析方法。在前期访谈和调查问卷获取的有关山东省重点用人单位引进人才与培养人才相关数据的基础上，对数据加以整理，对无效的数据加以剔除，然后将有效数据输入计算机中。数据输入工作完成后，运用统计产品与服务解决方案软件(SPSS)对相关数据进行了描述性统计分析、均值分析、方差分析等。根据统计分析的结果找出了山东省重点用人单位引进人才、培养人才及引进人才与培养人才融合方面的现状和存在的主要问题，为后续研究的进一步开展奠定了基础，提供了翔实的数据支撑。后期山东省重点用人单位引进人才和培养人才融合模式的有关对策的提出都是基于对统计分析数据进行系统分析的基础上得出的。

1.5.5 归纳分析法

归纳分析法一般指的是归纳推理的研究方法，它是一种由个别到一般的推理分析方法。在研究问题的过程中，通过运用归纳推理分析方法，研究者能由对个别事物的分析逐渐发展到对较为广泛的复杂事物的分析，能够形成系统的、整体的、完善的观点。经过由特殊到一般、由个别到整体的推理过程，研究者的研究视野得以开阔，研究内容得以深化，有助于研究成果的进一步推广。

在本研究过程中，笔者在统计分析的基础上，运用归纳分析法对调查数据中反映出的山东省重点用人单位引进人才与培养人才融合中存在的主要问题加以归纳，从多个角度指出了山东省中小企业引进人才和培养人才方面的主要问题，并且有针对性地提出了解决问题的对策和措施。对策提出后，笔者将本研究成果在具有代表性的重点用人单位进行试点，根据试点中的具体应用情况及使用效果，对那些不符合中小企业需求的对策进行不断修改、完善，最终形成了山东省重点用人单位引进人才与培养人才融合的有关对策。试点成功后，本研究成果争取在全省重点用人单位中推广运用，以促进山东省重点用人单位经济效益的提高，最终达到促进山东省经济长足发展的目的。本书的研究过程体现了由特殊到一般、由个别到整体的分析过程，是归纳分析法的具体运用。

1.6 研究的主要内容

第一章，绪论。本章主要从国家发展的大背景、区域间人才竞争的背景、山东省经济发展的背景这三个方面介绍了本书的研究背景；从理论意义和现实意义两方面说明本书的研究意义；对重点用人单位的概念进行了界定；阐明了本书的主要研究思路和使用的主要研究方法，研究方法包括文献查阅法、访谈法、问卷调查法、统计分析法、归纳分析法；对引进人才与培养人才的国内外研究现状做了简要介绍，包括有关引进人才方面的国内外研究现状和有关培养人才方面的国内外研究现状两部分，为后续研究的开展奠定了理论基础。

第二章，人才问题综述。本章从对人才"德"的基本要求和对人才"才"的基本要求两个方面对人才的概念进行定义；说明人才的判断标准，人才要同时符合业务和专业需求、市场和客户需求、企业文化需求、发展战略需求；阐述人才的本质特征，包括人才的社会历史进步性、人才的相对性及层次性、人才的普遍性和专业性、人才的创造性、人才的客观实践性；从人才的外部引入与合作、人才的内部开发与培养两个方面说明人才的来源渠道，其中人才外部来源包括在校实习生、员工推荐、从公司离职的员工、退休人员返聘、从竞争对手公司挖掘的人才、社会公开招聘的人才、从中高级人才中介机构获取的人才、从行业或专业交流平台筛选的人才、在合作过的机构或个人中寻找的人才，人才内部开发与培养的主要途径包括人才职业发展通道设计、培训、教练制、导师制；介绍人才的基本理论，包括勒温的心理场、组织寿命学说、配第-克拉克定理、人口迁移理论、人才流动的决策模型、人才资本配置的机会成本原理、人才资本配置的边际效用原理、人才资本最佳配置原理、人才资本配置的乘数原理；指出当前人才需求的发展趋势，包括对文化创新人才的需求逐渐增加、对知识创新人才和科技创新人才的需求日渐增加、对制度创新人才的需求逐渐增加。

第三章，山东省重点用人单位引进人才与培养人才现状实证分析。本章主要介绍山东省重点用人单位引进人才与培养人才现状调研过程，包括调研的设计、样本的选择、问卷的有效性控制；数据的描述性统计结果，包括就业的基本渠道情况、对引进人才与培养人才融合情况的总体满意度情况、人才自身能力发挥状况、影响引进人才和培养人才的因素中最看重的因素排名情况、对内部公平性的调查情况、对外部公平性的调查情况、参加培训的主要途径、每年对人才培训的次数、培养人才途径的现状、在引进人才与培养人才融合方面的主要问题、在引进人才与培养人才融合方面最应该加以改进的问题等方面；调查数据的因子分析过程，包括检验是否适合因子分析及因子分析的结果；个体变量对引进人才与培养人才融合各维度的影响，包括性别对引进人才与培养人才融合六维度的影响、年龄对引进人才与培养人才融合六维度的影响、学历对引进人才与培养人才融合六维度的影响、岗位对引进人才与培养人才融合六维度的影响、在本岗位的工作年限对引进人才与培养人才融合六维度的影响。

第四章，山东省重点用人单位引进人才与培养人才融合发展中存在的主要问题及原因分析。本章主要介绍山东省重点用人单位引进人才与培养人才融合发展中存在的主要问题，包括缺乏系统完善的引进人才与培养人才体系、缺乏引进人才与培养人才的长效机制、引进人才与培养人才措施缺乏针对性、缺乏引进人才与培养人才的配套措施、培养人才中薪酬激励不到位、对人才的精神激励不到位、重视短期激励方式忽视中期激励和长期激励方式、对人才的有效授权不到位、晋升制度不健全；山东省重点用人单位引进人才与培养人才融合发展中存在问题的原因分析，包括用人单位缺乏对引进人才与培养人才融合发展重要性的正确认识、用人单位缺乏对人才需求的了解、用人单位缺乏科学的绩效考核体系、用人单位缺乏优秀的企业文化、人才自身职业素质的缺陷、管理者与人才双方缺乏有效沟通等方面。

第五章，其他省份引进人才和培养人才的有关措施。本章主要介绍了黑龙江省引进人才和培养人才的有关措施、江苏省引进人才和培养人才的有关措施、浙江省引进人才和培养人才的有关措施、广东省引进人才和培养人才的有关措施。

第六章，山东省重点用人单位引进人才与培养人才融合模式构建。本章主要介绍了重视引进人才过程，为培养人才奠定良好的基础，包括引进人才的基本原则、引进人才的基本内容、制定有效的引进人才流程、运用人才甄选工具提高人才甄选的精准度、注重招聘甄选中的激励等几个方面；提高用人单位培养人才的质量，包括如何把合适的人才放在合适的位子上、如何对人才提供系统的培训、注重对人才的授权、要给人才制定明确的目标、引入竞争机制、让人才时刻绷紧执行的弦、让人才与企业一起成长、用人要有一定的灵活性、注重与人才的有效沟通、制定激励性的薪酬制度、注重对人才的绩效考评、为人才提供多种职业发展通道、通过晋升激励人才等;引进人才与培养人才融合中应注意的问题,包括积极稳妥地改革用人制度、实施人才的测评制度、创新人才的激励机制等。

第七章,研究结论及不足之处。在本章内容中,一方面,对本书的主要研究结论进行了全面总结;另一方面,结合本书的主要研究成果指出了本研究的不足之处,并对未来可能进行这方面研究的研究人员指出了需要进一步研究的方向。

1.7 国内外研究现状

1.7.1 国内研究现状

通过查阅相关文献,笔者发现国内专家学者在引进人才与培养人才方面的研究成果众多。下文从两个方面选择一些有代表性的研究成果进行具体介绍。

(1) 有关引进人才方面的国内研究现状。

梁伟年在《中国人才流动问题及对策研究》[①]中分析了中国人才流动中存在的主要问题,并有针对性地提出了对策建议。其中,重点分析了在人才流动的过程中各个行为主体所发挥的作用,特别是对政府的行为和作用进行了系统的理论研究。梁伟年认为,在人才流动的过程中,有两种作用机制在发挥作用,一种是市场机制,另一种是行政机制。用人单位在引进人才的过程中,应该协调发挥好两种机制的作用,做到以市场机制为基础,同时也要积极发挥行政机制的作用,充分发挥政府在引进人才中的重要作用。只有政府认

① 梁伟年.中国人才流动问题及对策研究[D].华中科技大学,2004.

识到人才的重要意义，才能制定出一系列引进人才的优惠政策，当地的用人单位才能更加便利地吸引优秀人才加入，当地的经济和社会才能得到长足的发展。

江婷在《我国地方政府人才政策的价值导向研究》①一文中，重点论述了政府应该如何提高人才政策的吸引力度，以提高地区的人才竞争力，推动当地的经济发展。江婷在论述过程中以政府公共政策理论为基础，指出政府在制定人才政策时，首先，必须要树立人才是第一位的价值观，在研究人才政策时，必须要注重人才政策的实效性，要避免空喊口号等一些没有实际意义的做法。其次，在树立了良好的人才政策理念的基础上，政府要制定系统完善的制度体系，从制度上保证人才政策的有效落实。为了吸引优秀的高层次人才的加入，政府可以制定相应的弹性制度，如破格提拔、一人一议等措施，以提高对高层次人才的吸引力度。最后，政府应投入必要的资金进行技术研发，开发人才引进的科学管理系统，从技术层面为人才引进工作提供必要的支持，以提高人才引进的效率，并从技术层面为人才的合理流动提供支持。江婷指出，当地政府只有大力提高人才政策的优惠力度，不断增强人才政策的吸引力，从根本上提高优秀人才的引进力度，才能在“人才争夺大战”中取胜，才能最终提高地区的人才竞争力和地区的经济效益。

顾承卫②认为人才引进的质量至关重要，直接关系到当地的引进人才政策能否成功，人才引进不当，不仅会造成人力、物力、财力的浪费，还会严重阻碍当地的经济发展。因此，用人单位在人才引进的过程中，必须要严格把好入口关，不能急于求成。用人单位要通过各种途径了解人才的工作绩效，比如通过向原用人单位的管理层和一起工作过的同事了解该人才以往的工作态度和工作绩效，将所了解到的实际情况与人才所递交的简历进行认真对

① 江婷.我国地方政府人才政策的价值导向研究——以江苏省苏州市与陕西省咸阳市为例[D].苏州大学,2007.

② 顾承卫.新时期我国地方引进海外科技人才政策分析[J].科研管理,2015,36(S1):272-278.

照，通过这种方式鉴别人才的简历是否真实。更重要的是，在人才引进过程中，用人单位要综合运用各种评价方法对人才的质量进行科学合理的评估。在评价的过程中，用人单位既要对人才的工作能力进行评价，也要对人才的品德进行科学考评，要避免只看能力不看品德的错误做法。在评价方法的选择上，可以选择笔试、结构化面试等方法。另外，在与人才引进对象签订的合同中一定要对试用期做出明确约定，在试用期结束后要对人才的德、能、勤、绩进行科学评价，以确定是否与其签订长期合同。顾承卫认为，用人单位只有建立起公平客观的人才选拔测评体系，从各个方面对人才的质量和价值做出科学的、定量的、合理的鉴别和判定，才能确保人才引进工作的科学性，才能使引进人才的质量得到保障，才能为用人单位的发展提供强有力的人才支撑。

从国家层面看，面对国际上日益激烈的人才争夺大战，我国已经认识到吸引国际上高层次人才的重要性。从 2008 年起国家开始实施“千人计划”，目的就是大力吸引海外的高层次人才，尤其是高层次的海外华人，以满足我国经济社会快速发展对海外高层次人才的需求。在当今激烈的国际竞争环境中，只有拓宽视野，用全球化的眼光大力引进海外人才，特别是高层次人才，才能为我国经济发展提供坚实的基础，我国才能在日益激烈的国际竞争环境中立于不败之地。从 2010 年起，我国着重加强对青年海外人才的引进力度，在“千人计划”的基础上推出“青年千人计划”。在这项计划的引导下，海外优秀青年人才的引进数量不断增加。从 2011 年起，我国又开始实施“外国专家千人计划”，加大对外国专家的引进力度。另外，在出台一系列政策积极引进人才的基础上，我国高度重视国家之间的人才交流工作，为高层次人才提供了各种交流、合作、发展的平台。2013 年，习近平总书记提出“一带一路”重大倡议，“一带一路”包括“新丝绸之路经济带”和“21 世纪海上丝绸之路”。在这个伟大的倡议指导下，“一带一路”将亚太经济圈和欧洲经济圈相连接，为我国提供了更多的与沿线国家加强经济交流、促进共同繁荣的机会。通过“一带一路”，我国与沿线国家间实现了经济要素的自由流动，资源的配置效率得以提高，人才交流和发展的机会得以增多，高层次人才的就业机会得以增加，区域内市场的潜力得以发掘，国与国之间实现了人文交流，促进了我国经济的快速发展。

总之，在引进人才方面，我国一直在进行改革和创新，一方面不断拓宽引进人才的范围；另一方面不断调整引进人才的结构，完善引进人才的工作机制。首先，我国引进人才的质量不断提高，对引进人才的要求也随之越来越高，引进人才的范围得以拓宽。我国已经从最初的只能引进海外留学生或者海外优秀华人，逐步扩展到能够引进一些优秀的外籍专业人员。从引进人才范围的角度来看，不断突破国籍的限制，实现了从引进"海外高层次留学人才"到"海外高层次人才"的转变。其次，我国不断调整引进人才的结构，更加注重引进人才的专业是否与我国急需发展的重要行业所需人才的专业相契合，更加注重引进高层次专业技术人才，逐渐实现了从海外引进的专业技术人才覆盖到我国的管理、服务、创新、创业等各个行业。另外，在制定一系列优惠政策以大力引进海外高层次人才的基础上，我国相继出台了一系列资金、信息、技术等方面的支撑措施，引进人才的各种配套措施逐渐得以完善，引进人才的工作机制不断优化，在引进人才方面实现了与国际接轨。我国目前的引进人才工作日新月异，为我国的经济发展提供了人才数量上和质量上的双重保障。

(2) 有关培养人才方面的国内研究现状。

黄国勋等在《地方综合大学人才培养模式整体改革研究》①中提出了地方综合大学人才模式改革的三个层次，分别是全校性人才培养模式改革、专业人才培养模式改革、专业培养方案与培养途径改革。这三个层次划分的依据是人才培养模式的三种划分方法，即广义的人才培养模式、中义的人才培养模式、狭义的人才培养模式。黄国勋等认为，人才模式改革的第一层次，也就是全校性人才培养模式改革，指的是学校在人才培养模式改革中具

① 黄国勋，席鸿建，曾冬梅.地方综合大学人才培养模式整体改革研究[M].南宁：广西民族出版社，2001.

有非常重要的意义。学校在进行人才培养模式的改革中，要以社会对人才的需求作为学校人才培养模式改革的参考标准，这是人才培养模式改革的前提和基础。在把握好社会需求的前提下，要对学校现有的专业结构进行优化，对那些与社会需求不符合的专业要果断地抛弃；对于一些想要新增设的专业，一定要在深入调研、反复论证的基础上加以确定；对于相互之间有学科交叉的专业，可以进行适当的合并，实现优势互补，力争使一些优势专业能够做大、做强。黄国勋等认为，学校要重新定位其培养目标、设计其培养规格、制定其培养方案、选择其培养途径，这样所制定的人才培养模式才会更加科学、合理。地方综合大学人才模式改革的第二个层次是专业人才培养模式改革。这个层次指的主要是学校各个专业院系在制定本专业的人才培养方案时，一定要以社会对本专业人才的类型、规格要求为参照基准，在参照社会需求的基础上制定本专业的人才培养目标、培养规格，并随着时间的推移不断对人才培养方案加以调整。在专业培养标准的设置中，一定要突出人才培养的特色，拓宽人才培养的途径，使专业人才培养方案适应社会对人才的需求、符合时代发展的需求和当前高等教育发展的大趋势。地方综合大学人才模式改革的第三层是专业培养方案与培养途径改革。黄国勋等认为在对人才培养方案和人才培养途径改革的过程中，一定要结合当前学校的发展定位，参照已经确定的专业培养目标和培养规格的要求。培养方案和培养途径不能一成不变，一定要随着时代的发展加以调整，要与专业培养目标和培养规格相协调，要符合学校的发展定位和社会对人才的需求。

袁永红、李彬①通过分析当前企业人才工作能力的状况，指出了当前学校以及企业人才培养中存在的不足之处。一方面，就高等院校而言，一些高等院校在人才培养的过程中急功近利，过于追求学生的就业率，学校在人才培养目标、课程体系设置、教学手段和教学方法等方面存在很多问题，这直接影

① 袁永红，李彬．当前就业形势下高校人才培养模式改革探讨[J]．当代教育论坛(管理研究)，2010(09)：85-86.

响了毕业生的质量，导致一些毕业生在工作后不能快速适应企业的发展和要求。另一方面，一些企业特别是中小企业人才培养过程很不健全，缺乏系统完善的人才培养体系和人才培养机制。以员工所获得的培训机会为例，很多中小企业的普通员工每年的培训次数不超过两次，有的甚至两三年也没有一次培训机会，这与那些中高层管理人员获得的培训次数形成鲜明的对比。在这种情况下，员工的工作积极性可想而知，工作效率难以保证，最终影响的将是企业的长远发展。因此，袁永红、李彬认为，中小企业要想获得发展，管理层就必须从思想上重视人才的培养，要树立在人才培养方面的投入是一种长期投资的理念，要用长远的眼光看待人才的发展给企业发展带来的好处。在树立了正确理念的基础上，企业管理层要制定科学合理的人才培养体系，包括明确人才培养的对象，制订相应的培训计划，设置科学的培训课程，对培训效果进行科学的评估等方面。

陈文敏、吴翠花、于江鹏①重点研究了企业创新型人才的培养模式问题，他们认为要想成功地培养创新型人才，企业内部必须具备四个系统，分别是课程管理系统、社会实践系统、就业培训系统、绩效考核系统。课程管理系统指的是企业要为不同层次的人才设置不同的课程管理体系。在人才的职业生涯发展中，要定期按照课程管理系统的安排加强专业学习，提高专业技能。课程管理系统是其他三个系统的基础，课程管理系统是否完善直接关系到其他系统的工作能否顺利开展。社会实践系统指的是企业管理层要定期组织人才参加社会实践活动。通过实践活动，不仅能够帮助人才更好地融入社会，发现自身工作中存在的一些问题，不断提高自身技能，还能增进人才之间、人才与企业管理层之间的关系，使人才端正工作态度，为企业尽职尽责地工作，促进企业的发展。就业培训系统指的是企业要为人才提供系统完善的培训服务。不管是对于刚入职的员工还是企业的老员工，企业所提供的培训服务不能中断，要贯穿在人才的整个职业生涯过程中。只有通过系统完善的

① 陈文敏，吴翠花，于江鹏.创新型人才培养模式的系统要素分析[J].成才之路，2015(26)：3-4.

培训，人才的专业技能才能得以发展，才能跟上时代发展的步伐，才不会与社会的发展需求相脱节。因此，系统完善的就业培训系统，不论是对于人才个人的发展还是对于企业的长远发展都具有非常重要的意义。绩效考核系统是指企业要设置科学的衡量和考核人才工作绩效的系统，特别是对于那些经过培训的人才，在培训完成重新工作的一段时间内，要通过绩效考核系统来衡量人才的工作绩效是否达到了培训的目标。科学的绩效考核系统不仅能够使人才认识到自身工作中存在的不足，使人才对照业绩考核中不足的地方及时加以改进，还有利于人才之间形成你争我赶、争先创优的良好局面，对提高企业的经济效益具有非常重要的作用。

张旺、杜亚丽、丁薇在《人才培养模式的现实反思与当代创新》①一文中探讨了人才培养的创新问题。张旺等认为，人才培养能否成功关键在于人才培养的过程中是否进行了创新。张旺等以高校人才培养的过程为例，指出当前高等院校在人才培养的过程中主要应用两种典型的人才培养模式。一种是以知识传授为中心的人才培养模式，这种培养模式的特点是将知识的传授摆在首位，以教师的知识传授是否到位、学生接受知识的程度和效果是否良好作为衡量人才培养是否成功的关键。另一种模式是以学生为中心的人才培养模式，这种培养模式的特点是凸显学生在人才培养过程中的重要作用。根据这种人才培养模式的要求，在培养学生的过程中一定要体现学生的主体性地位，教师只是起到引导和督促的作用，教师要想方设法提高学生的课堂积极性和主动性，把课堂的主动权交给学生。在教授知识的过程中，教师要注重培养学生的创新思维能力，要改变传统的只教授课本知识的错误做法，要更多地结合现实的经济社会问题，引导学生进行思考。另外，教师在人才培养过程中要注重因材施教，注重学生的差异化管理，要熟悉每一位学生的特点和需求，有针对性地开展教学工作。高等院校要紧跟时代发展的潮流和需求，不断进行课程体系的改革和创新，使课程体系的设置既能满足学生多样

① 张旺，杜亚丽，丁薇.人才培养模式的现实反思与当代创新[J].教育研究，2015，36(01)：28-34.

化的需求又能适应时代发展的要求。

臧夏秋①认为，在目前人才培养的过程中要实现人才培养的最佳效果，不能仅靠一方的力量，政府、企业、高校三方面必须相互配合，协调发展。对于政府而言，应为企业和高校人才培养工作的开展提供相应的政策支持和资金支持，如果没有政策支持和资金支持，企业和高校在人才培养的过程中必然会畏首畏尾，人才培养的效果可想而知。对于高等院校而言，必须进行人才培养方案的改革和创新，为企业输入高质量的、适应企业需求的专业化人才。同时，高校要为企业的发展提供必要的学术支撑，高校的专业教师要定期到企业开展学术讲座，提高企业员工的理论水平和知识水平，促进企业的发展。另外，高等院校要加强与地方政府的合作，可以通过承担横向课题、提供咨询服务等方式为当地的经济和社会发展出谋划策。对于企业而言，在人才培养的过程中，一方面，要争取获得政府的政策支持和资金支持，为人才的培训工作提供充足的资金保障；另一方面，企业要为政府职能部门提供必要的服务，要积极落实政府的有关政策，充分发挥企业在当地经济发展中的支柱性作用，为当地经济社会的发展贡献力量。企业还要注重与高校的合作发展，企业管理层要定期到当地高校开展讲座，让学生了解到最新的企业发展现状和对人才的需求情况，这样可以使学生明确自己的发展目标，提高学生的创新创业意识。臧夏秋认为，在当前国家大力提倡发展创新创业教育的形势下，政府、企业、高校三方必须相互协调、密切配合，这样才能实现多方共赢，才能实现人才培养的目的。

1.7.2 国外研究现状

(1) 有关引进人才方面的国外研究现状。

美国学者舒尔茨②是人力资源学说的提出者，他早在 20 世纪 50 年代就

① 臧夏秋.创新创业背景下应用型职业培养人才的对策研究[D].东华理工学院，2017.

② 舒尔茨.对人进行投资[M].北京：商务印书馆.2020.

提出了人力资本理论,该理论的提出标志着人力资源学说的创立。舒尔茨认为,对于发展中国家而言,要想发展经济,仅仅寄希望于物质资源的开发是远远不够的,更重要的是要加大对人力资本的投资,要想法设法吸引优秀人才的加入,这是一个国家经济发展的根本。只有拥有了高质量的人力资本,国民的整体素质才能得以提高,一国的经济才能得以发展,发展中国家才能越来越强大。

美国专家普莱斯重点研究了影响美国企业员工流失的主要因素。在经过实地调研,并对美国企业员工的流失问题进行了详细的分析和研究之后,普莱斯建立了普莱斯模型。该模型指出了影响美国企业员工流出的几个主要因素,包括:工资水平、融合性、基础交流、正规交流及企业的集权化。其中,工资水平、融合性、基础交流、正规交流这四种因素与员工流动呈正相关关系;企业的集权化与员工流出呈现负相关性。普莱斯还指出了美国企业员工流出与其决定因素的两个中介变量,分别是工作满足度和变化工作的机会。

在当前经济全球化的大背景下,各国政府越来越意识到人才对于一个国家经济发展的重要意义。因此,各国政府相继制定了一系列引进人才的优惠政策,展开了国与国之间的人才争夺大战。以美国为例,美国虽然经济强大,但对人才的重视程度丝毫没有放松,反而越来越重视人才的引进工作。数据显示,美国每年发放的 H-1B 签证(非移民类职业签证)和 EB 类签证(移民类职业签证)都达到数万张,其目的就是吸引全球优秀人才加入美国,为美国的经济社会发展贡献力量。以美国的 H-1B 签证计划为例,该计划从 1992 年实施以来,为美国企业输入了大量所需的专业技术人才,从该计划实施几年后美国经济发展的速度也可以看出,该计划所吸引的高层次科技人才对美国经济发展所做出的积极贡献。可以说,该计划为美国经济发展提供了良好的制度支撑和制度保障。除此之外,美国还是目前世界上接受全世界留学生最多的国家,其原因就是美国所实施的优惠的引进人才政策。例如,美国针对所有拥有硕士学位以上的外国学生,实行免除工作签证和绿卡配额限制的制度,这种政策优惠力度之大可见一斑。美国还通过以就业为导向的工作签证吸引优秀的专业人士，并重点强调计算机工程和科学工程类的人才，为此出台了更加优惠的引进人才政策。在这种情况下，大量的高层次专业技术人才不断涌入美国。由于拥有良好的政策支持和制度保障，美国高层次人才的积累实现了良性循环，经济发展水平不断提高。通过一系列人才优惠措施的制定、落实和调整，美国成为世界上第一大人才资源国。美国的这些引进人才措施也成为其他国家制定引进人才措施时的重要参考。

英国虽然在技术、科学、艺术和创新等产业方面处于世界领先地位，却依然面临着人才短缺的问题。在这种情况下，英国政府特别注重从世界范围内引进高层次人才。目前，英国的引进人才优惠制度主要有计点积分制度和杰出人才签证这两种制度。计点积分制度是英国实行的一种签证制度，该签证申请系统简单明了、易于理解，对于那些想要申请去英国的人，在正式递交申请资料之前，可以通过这个系统的网站进行自我评估，看看自己是否达到了申请去英国的基本条件。根据简化后的签证申请程序，英国使馆签证处可在5～15个工作日内处理完一份资料填写准确无误的签证。该签证制度使签证申请程序更加透明、快捷，给申请人带来了极大的方便，受到了申请人的一致好评。杰出人才签证主要是针对特殊群体而设置的一种签证制度，这些特殊群体主要是指高层次人才，涉及高净值人才、企业家、毕业生创业者和特殊人才，该制度为这些优秀人才加入英国提供了极大的便利条件。另外，为促进英国经济的持续发展，面对英国杰出人才短缺的现状，英国政府每年增加发放1 000个杰出人才签证，其目的在于吸引各个领域的杰出人才，包括艺术、科学、人文、工程、医疗等各个领域有杰出贡献的人才加入英国，为英国经济社会的发展贡献力量。

除了美国、英国相继实施优惠的引进人才政策吸引高层次人才的加入外，其他国家也纷纷制定了一系列引进人才的优惠政策。例如，从2012年开始，澳大利亚逐步放宽了技术移民限度，将技术移民的通过分数下调到了60分，从而吸引了大量技术人才加入澳大利亚。即便是移民政策较为保守的日本，在人才争夺大战的国际环境下，也积极改革其移民制度，出台了一系列人才移民的优惠政策。例如，日本实施积分制来引进人才，对于符合高级技术资格的外国人住满3年就可以在日本申请永久居留。日本还鼓励本国的跨国公司采取一系列优惠措施雇佣海外高新技术、教育、管理等方面的人才。例如，鼓励跨国公司通过延长签证、提高引进人才待遇等方式吸引和留住海外高层次人才。在这种良好的人才政策的吸引下，大量海外优秀人才涌入日本，成为推动日本经济发展的动力。作为发展中国家的印度也不甘落后，先后采取了侨务政策、产业政策和放松资本管制等综合手段，吸引各类优秀人才。

(2) 有关培养人才方面的国外研究现状。

德国的人才培养模式为"双元制"，该模式的特点是强调在培养人才的过程中要充分发挥企业和学校双方的共同作用，由企业和学校共同承担培养人才的任务。学校要与定点企业建立长期的合作关系，实现资源共享，优势互补，共同实现培养人才的目的。学校在制定培养人才方案时，要到企业进行充分调研，要结合企业对人才的需求制定培养人才方案，按照培养人才方案的要求组织教学工作。学校的学生除学习课本知识外，更重要的是要定期到企业进行调研，企业要为学生提供充分的实习实训机会，注重提高学生的实践能力和创业创新能力。在对学生进行职业培训的过程中，企业要注重以学生所学习的理论知识为基础，做到理论与实践的密切结合，使学生经过一段时间的培训后能够较为熟练地掌握企业不同岗位所需的专业技术，有效地弥补自身理论方面的不足，这样学生在毕业后就能够很快地顶岗工作。这种"双元制"培养人才模式推出后，受到了德国企业和德国高校的热烈欢迎，曾被誉为德国经济振兴的"秘密武器"，为德国企业输送了大量的优秀人才，促进了德国经济的发展。

澳大利亚的培养人才模式为技术与继续教育培训体系。该体系目前已成为澳大利亚具有特色的职业教育和培训体系，在澳大利亚国内职业技术教育方面具有重要影响。该培训体系的特点是主张发挥政府在职业技术教育中的推动作用，充分调动市场、行业等多种因素在培训中的重要作用。该培训体系主张保持中学与大学的有效衔接，提出从中学阶段就要对学生有针对性地开展技术教育，为学生大学阶段的学习奠定良好的基础。另外，澳大利亚还有专门的教育培训组织，即澳大利亚技术与继续教育(TAFE)学院，它是澳大利亚目前影响力最大的技术教育培训组织，在澳大利亚教育体系中发挥着非常重要的作用。目前，澳大利亚升入高等院校的学生中约有30%进入普通大学学习，70%的学生进入TAFE学院学习。从澳大利亚全国接受教育培训的人数所占比例来看，平均每年约有15%的澳大利亚人有机会接受TAFE的教育与培训。

能力本位教育(CBE)模式是以加拿大、美国为代表的培养人才模式。该培养模式主张在培养人才的过程中，要从企业不同岗位的实际需求出发，有针对性地对企业不同层级的员工开展技能培训。在对员工培训时，尤其要注重提高员工的实际工作技能和工作效率。企业要建立完善的人才培训体系，明确培训目标和培训对象，设置科学的培训课程，建立科学的培训考核体系。在培训结束后，企业要对员工的工作绩效及时进行考核，以检验员工的培训效果，考核结果对后续培训活动的顺利开展提供经验借鉴。

2 人才问题综述

2.1 人才的定义

对于“人才”的概念，不同的研究者从不同的角度给出了不同的定义。人才研究者普遍认为，所谓人才指的就是为社会发展和人类进步进行了创造性劳动，在某一领域、某一行业或某一工作中做出较大贡献的人。根据这个定义，我们可以看出人才指的是那些进行创造性劳动的人，这些人在某些领域做出了特殊贡献，从事的劳动具有非重复性、非一般性的特点。中共中央、国务院在2010年颁布实施的《国家中长期人才发展规划纲要(2010—2020年)》指出，人才是指具有一定的专业知识或专门技能，进行创造性劳动并对社会作出贡献的人，是人力资源中能力和素质较高的劳动者。人才是我国经济社会发展的第一资源。为了便于本研究的顺利开展，研究者对本书所指的“人才”进行了定义。本书所指的“人才”指的是在山东省中小企业内德才兼备的人，这些人才拥有较强的专业技术能力，工作上勤勤恳恳、任劳任怨，在自己的工作岗位上为用人单位的发展做出了重要贡献。

在衡量一个人是否为“人才”时，要从“德”和“才”两个方面来看。所谓“德”主要是从一个人的工作态度、品格和内在修养方面加以考量；所谓“才”主要是从一个人所拥有的知识技能水平，以及所具有的潜力和行为表现方面加以考量。对于追求经济效益和长期发展的企业来说，在衡量一个人是否是企业所需要的人才时，要从“德”“才”两个方面进行考量，不能只看“才”而忽视“德”。“德”“才”这两个方面所包括的具体内容如下。

(1) 对“人才”的“德”的基本要求。

“人才”的“德”主要指一个人的工作态度、道德品格及内在修养。工作态度可以从积极、敬业、尊重、合作、进取这几个方面加以衡量。如果企业内一名员工工作认真、敬业，在工作过程中善于和同事合作，积极进取，那么从工作态度的角度来看，这样的人就可以称之为“人才”。道德品格可以从正直、守信、善良、自律、自责这几个方面加以衡量。如果一名员工善良正直，与人为善，对自己严格要求，那么从道德品格的角度来看，这样的人就可以称之为“人才”。内在修养主要指的是一个人的世界观、人生观、价值观、受教育的程度和人生阅历等方面。如果一名员工具有正确的世界观、人生观、价值观，受教育的程度较高，人生阅历较丰富，那么这个人就可以称之为“人才”。根据“人才”对“德”的要求，我们可以发现，一个人只有具备良好的工作态度、较高的道德品格和良好的内在修养才能称之为“人才”。

(2) 对“人才”的“才”的基本要求。

从“才”这个角度来看，定义一个人是否为“人才”时，要从知识水平、技能水平、潜力水平这三个方面加以衡量。知识水平指的是一个人所掌握的知识的广度和宽度；技能水平指的是一个人的技术和能力水平是否超过了企业内大多数人的水平；潜力水平是指根据员工现在的工作表现情况推断其是否具有发展的潜力。因此，从“才”这个方面来看，一个人只有具备了较高的知识水平和技能水平、具有良好的发展潜力，才能称其为“人才”。

2.2 人才标准

在当前激烈的市场竞争环境下，企业为了吸引优秀人才的加入，纷纷制定了一系列吸引人才的优惠政策。企业在制定人才政策时往往都有自己的人才判断标准。一般来说，人才判断标准是一个人要同时符合业务和专业需求、市场和客户需求、企业文化需求、发展战略需求这几个方面，下面依次进行介绍。

(1) 业务和专业需求。

业务和专业需求指的是企业从业务和专业的角度所制定的人才判断标准。企业内部不同的业务部门对人才的业务和专业方面所需要的胜任力的要求不同，因此，企业在引进人才时，必须结合不同的业务和不同的专业需求进行具体分析。业务和专业需求是判断人才的最基本的条件，只有符合了企业的业务和专业需求，人才在用人单位工作时才能游刃有余，也才能更好地促进用人单位的发展。判断人才是否符合业务和专业需求需要从以下几个方面考虑：人才是否掌握了本行业所需的系统的行业知识，是否熟悉本企业的产品和服务知识，是否具备所从事岗位的专业知识和技能。

(2) 市场和客户需求。

企业是为市场和客户服务的，企业所生产的产品、所提供的服务只有满足甚至超越了市场和客户的需求，才能得以长期发展。而企业的整体形象如何，企业所生产的产品能否满足市场需求，企业能否与客户建立起长期的合作关系、能否在客户心目中树立起良好的形象和地位，最直接、最根本的体现就是企业内部人才的整体综合素质水平。因为长期与客户接触，深入市场内部进行调研的都是员工，他们能够准确地了解市场和客户的真实情况，客户也往往会以所接触到的员工的综合素质状况来对企业的整体水平加以判断。因此，企业在制定人才标准的过程中，必须要考虑市场和客户的需求这一方面，企业要将市场和客户对人才的需求标准放在重要地位加以考虑。

(3) 企业文化需求。

企业文化是企业经营管理理念的集中体现，是被企业全体成员广泛认可并共同遵守的基本信念和认知。良好的企业文化有助于企业内部员工树立起良好的价值观，能够促使员工向着企业共同的发展目标努力，进而促进企业的发展。企业文化由企业的价值观、规章制度，以及员工的处事方式、工作态度和工作习惯等多方面内容构成，企业文化集中体现了企业经营管理的理念和主张。在优秀的企业文化引导下，企业内部员工能够达成共同的行为目标，从而实现企业的发展目标。优秀的企业文化对企业全体员工的共同发展、企业的整体发展和长远发展具有至关重要的作用，直接关系到企业的未来发展方向和未来的发展道路。因此，企业在制定人才标准时必须要考虑企业文化的要求，要看引进的人才是否符合企业文化的需求，这样才能引进“德才兼备”的人才，才能为企业发展提供良好的人才储备。

(4) 发展战略需求。

企业发展战略是企业管理层制定的未来如何发展的整体战略规划，是对企业各种发展战略的统称。企业发展战略明确了企业的未来发展方向，指出了企业的未来发展目标和发展重点。正确的企业发展战略能够真正解决企业的未来发展问题，引导员工的行为向企业的发展战略靠拢，在满足企业未来发展战略需求的基础上促进企业健康、持续、快速发展。随着企业的不断发展和壮大，企业对人才的判断标准也会不断地发生变化，人才的标准必须随着企业的发展不断加以调整，必须要符合企业的未来发展战略。因此，企业的未来发展战略需求是企业制定人才标准时必须要考虑的因素。

2.3 人才的本质特征

2.3.1 人才的社会历史进步性

人才的社会历史进步性是人才的本质特征，不同的历史时代由于经济、政治、文化的差异性会涌现出各种不同的人才。随着时代的发展进步，人才的判断标准也会发生变化。因此，在定义人才时，必须考虑到人才的社会历史进步性，要用发展的眼光看待人才的发展。

2.3.2 人才的相对性及层次性

人才的相对性是指人才是在相对比较中出现的。人才不是绝对的而是相对的，只有通过比较才能判断人才的层次和人才的贡献，在此基础上才能有针对性地制定不同层次人才的不同待遇。人才的层次性是指由于不同人才所掌握的知识的多寡不同、技能水平的高低不同、研究成果的多少不同、对企业的贡献大小不同，从而表现出人才的层次性的特点。按照人才的层次性，我们可以简单地将人才划分为初级人才、中级人才和高级人才，每一层次人才又可依据自身能力和研究成果再细分为若干级别。用人单位在制定人才措施时，应以人才所处的层次为依据，制定不同的人才优惠政策。人才的层次越高，享受到的人才政策越优惠，这样就能激发人才往更高的层次发展。在这个过程中，人才的整体综合素质水平得以提高，用人单位也得到更好的发展，人才的发展和用人单位的发展处于一种良性循环中。

2.3.3 人才的普遍性和专业性

人才的普遍性和专业性是人才的重要特征。人才的普遍性是指人才具有广泛性，人才所涉及的群体广泛，人数众多。从纵向的角度来看，人才有低级、中级和高级层次；从横向的角度看，在不同的行业人才有不同的类型。人才的专业性是指我们在评价和界定人才时要站在专业的角度对人才的标准加以衡量，以评价人才是否在其岗位和所从事的专业上达到了人才的标准和要求，以及是否在特定的专业领域做出了突出贡献。

2.3.4 人才的创造性

所谓人才的创造性，指的是与普通人相比人才进行的是创造性的劳动，人才具有较高的创造性和较强的创新能力。人才由于具有在本专业领域的较强的专业技术知识和专业能力，从而成为本专业领域的佼佼者和“领头羊”。凭借自身较强的创造性和创业创新能力，人才能够带领团队内的其他成员进行本专业领域的研究工作，促使本专业领域不断向前发展。人才的创造性是人才最显著的特征，促进了整个人类社会物质文明和精神文明的不断发展。

2.3.5 人才的客观实践性

单从人才的概念来看,它是一个主观的概念,不同的人对人才有不同的观念和看法。但是,我们在对人才进行评价和考核时所依据的是人才在其所在领域和所在岗位中所做出的具体的贡献,即人才所取得的客观现实的成果。从这个角度来看,人才具有客观实践性的特点。人才在具体的实践活动中,运用自身的知识和技能改造自然,促进人类社会的发展进步。人才不是凭空产生和形成的,是基于社会发展的现实需要、是人类在改造自然的过程中形成和发展的。

2.4 人才的来源渠道

2.4.1 人才的外部引入与合作

(1) 在校实习生。

当前很多高校都建立了较为完善的实习实训制度,学生到了大四一般都有半年左右的实习时间。在实习期间,大学生可以到当地或外地的企业从事与所学专业相关的一些工作。通过实习实训,大学生的工作技能和实践能力得到提高,为毕业后顺利入职打下了良好的基础。在实习过程中,企业管理层通过接触、观察、考核学生,可以从中发现综合素质较高的人才,在学生毕业前就可以和他们签订劳动合同,降低了企业的招聘成本。由于在企业实习过一段时间,这些人才对企业文化更加认可,对企业提供的薪酬福利待遇更容易接受,工作后能在短时间内进入工作状态。与其他人才相比,这类人才以后"跳槽"的概率也相对较小。因此,在校实习生目前已成为企业引进人才的非常重要的途径。

(2) 员工推荐。

员工推荐指的是企业内员工向亲朋好友或者其他认识的人介绍所在企

业的规章制度、薪酬福利、引进人才等政策措施，以吸引优秀外部人才的加入。员工用自己的亲身经历宣传企业，更容易使外部人才接受和认可，因此员工推荐已经成为很多企业的重要的引进人才途径。一些企业为了吸引优秀人才的加入，会根据员工所推荐的人才的层次和取得的成果等给予推荐人一定的物质奖励或精神激励，以提高员工推荐外部人才的积极性。

(3) 从公司离职的员工。

任何企业都会有员工离职的情况发生，员工离职的原因各种各样，有的是因为自身的原因或者家庭方面的原因，有的是因为对企业提供的待遇不满意或者感觉在企业没有发展前途。对于那些已经离职的优秀员工，企业管理层应该深入了解他们离职的原因，要通过与离职员工的沟通及时改进企业制度、政策等方面的不足之处。在优秀人才离职后，企业不能对他们不管不问，而是要通过各种途径及时了解这些人才的最新工作状态，在合适的时间可以邀请离职的人才重新加入本企业。如果能够吸引这部分人才重新加入企业，不但能够使这些人才为企业尽职尽责地工作，而且能够让其他员工看到企业在引进人才方面的开放态度，获得员工的信任和支持，提高全体员工的工作认同感和工作积极性。

(4) 退休人员返聘。

企业每年都有一些退休的优秀人才，这些退休的人才在企业奉献了几十年，具有十分丰富的工作经验和较高的工作技能水平，他们为企业的发展做出了巨大的贡献。对于这些人才，企业一定要充分利用好，要想方设法让这些人才在退休后继续为企业发挥余热，企业可以与这些人才签订返聘合同，使他们继续留在本企业工作，避免被有竞争关系的企业挖走。

(5) 从竞争对手公司挖掘人才。

在当前激烈的市场竞争环境下，人才的流动性不断增强，企业一方面要想方设法留住本企业的优秀人才，另一方面还要想方设法从竞争对手公司那里挖掘人才。从竞争对手公司争取人才是目前很多企业引进优秀人才的常用做法。因为竞争对手公司的优秀人才从事的是与本企业相同或类似的工作，如果这些人才能够顺利加入本企业，则不仅能够很快地融入本企业，还能将原来企业的一些成功做法带入本企业，促进本企业的发展。在从竞争对手公司争取人才的过程中要注意，一定不要因为急于引进人才而引起与竞争对手之间的纠纷，不能侵犯竞争对手公司的知识产权、商业机密等。

(6) 社会公开招聘渠道。

社会公开招聘渠道是引进人才的最传统的途径，也是当前企业运用最多的一种招聘方式。社会公开招聘的方式主要有：在网站发布招聘广告、到高校召开招聘会、在人才市场定期召开招聘会等。社会公开招聘渠道引进人才虽然被很多企业所采用，但需要注意的一点是，这种方式的招聘对象有明显的局限性，主要适合于初级人才或某些中级人才的引进。另外，通过这种途径引进的人才稳定性往往较差，因此，将这些人才引入企业后一定要及时对他们开展适当的培训工作，增强这些人才对企业的认同感，以避免这些人才入职不久就离职，造成企业人才队伍的不稳定而影响企业正常工作的开展。

(7) 中高级人才中介机构。

当前，企业对优秀的中高级人才求贤若渴，而中高级人才中介机构，比如猎头公司，便是企业从外部市场获取中高级人才的重要渠道。中高级人才中介机构拥有内容丰富的人才信息数据库，能帮助企业在最短的时间内寻找到最适合的人才，因而受到企业的普遍青睐。但是要注意的是，这种招聘方式虽然速度快，但由于这些人才招聘对象的特殊性，招聘成本很高，企业需要支付给猎头公司大量的服务费。因此，企业一定要结合自身的资金状况决定是否要长期使用这样一种招聘方式。另外，对于从中高级人才中介机构招聘进来的人才，企业一定要从多方面加强考核，确保招聘到最合适的人才。如果人才招聘不当，不仅会造成企业资金的浪费，而且这些中高级人才长期处在企业的重要岗位工作，会对企业的长远发展产生极为不利的影响。

(8) 行业或专业交流平台。

每个企业所处的行业都会有一些行业或专业的交流平台，比如有关部门组织的一些行业会议、召开的博览会或展览会、定期举行的一些专业论坛等。企业要积极主动地参与这些交流平台,因为这些交流平台中往往会有本行业的优秀人才参与,通过这样的平台可以和一些优秀人才进行深入沟通和交流,可以向这些优秀人才广泛深入地宣传企业的人才优惠政策,以吸引优秀人才的加入。这种方式为企业和优秀人才的直接接触提供了有利的机会,其特点是成本低、效果好。

(9) 合作过的机构或个人。

企业每时每刻都要与合作单位或有关个人进行业务活动。合作单位包括咨询公司、广告公司、公关公司、本行业的其他企业等。由于和这些合作单位经常开进行业务活动,企业可以从这些合作机构中寻找到本企业所需的优秀人才,想方设法吸引这些优秀人才加入本企业。另外,企业还要时时与咨询顾问、财务人员、公关人员、市场销售人员、技术人员等专业人员接触交流,企业要抓住有利机会争取这些专业人员的加入,为企业的发展提供人才支撑。

2.4.2 人才的内部开发与培养

人才的来源渠道除了外部引入与合作,还有内部开发与培养。人才的内部开发与培养是对外部引进人才的重要补充,可以有效地弥补外部引进人才的不足。人才的内部开发与培养的主要途径包括以下几个方面。

(1) 人才职业发展通道设计。

为培养优秀的人才,促进人才的全面发展,企业管理层必须根据人才的特点对人才进行科学的职业发展通道设计。一般来说,人才的职业发展通道主要包括三种类型,分别是管理通道、专业通道和技术通道。管理通道主要包括基层管理、中层管理、高层管理等通道;专业通道主要包括行政、市场、公关、财务、销售等通道;技术通道主要包括软件、硬件、生产、研发等通道。企业必须结合这三种职业发展通道的特点,进行科学合理的人才职业发展通道设计,使不同类型的人才在不同的职业发展通道中得到发展,使人才看到在本企业发展的前景和希望。这种精神激励可以最大限度地激发人才工作的积极性，促进人才管理技能、专业技能和技术技能的不断提高，促进人才的全面发展。

(2) 培训。

培训是企业最为重要的人才内部开发与培养的方式，企业只有不断加大对人才的培训力度，才能使人才学习到本专业的最新知识和技能，才能不断激发人才的主动性和创造性，企业也才能长远发展。当前各个企业都已经深刻地认识到培训的重要性，企业管理层也越来越重视对人才的培训工作，培训在企业培养人才中的作用愈加突出。从培训的方式来看，既有定期的课堂培训，也有实践性较强的工作现场培训，还有自主性较强的有指导的自学培训。从培训的时间长度来看，既有六个月以内的短期培训，也有六个月到一年的中期培训，还有超过一年的长期培训。企业应结合自身的需求和不同层次人才的特点选择不同的培训方式和培训时间。

(3) 教练制。

教练制是指企业为人才提供专门的教练，对人才进行一对一的指导，通过教练的监督、管理促进人才发展的一种人才培养方式。教练对所负责的人才的发展具有直接的监督和管理的责任。

目前，教练制主要采用提问启发的方式来培育人才。教练通过向人才提出本专业的一些问题，启发人才找出解决问题和完成任务的方式方法。在不断提出问题、解决问题的过程中，人才分析问题、解决问题的能力得以增强，发掘了自身的潜力，提高了工作的积极性和创造性，极大地促进了人才的全面发展。在采用教练制培养方式时需要注意，企业要建立相应的激励方式来激励教练，包括物质激励和精神激励，还要建立科学的考核方式对教练所做工作的成效加以考核，这样才能充分调动教练培养人才的积极性。

(4) 导师制。

导师制是目前很多企业采用的一种较为普遍的人才内部培养方式。采用导师制的目的是促进人才的快速成长和发展。担任导师的员工通常是那些在企业内业绩很好的员工，他们往往具有丰富的工作经验和较高的工作技能，道德品质良好，工作认真负责，善于帮助别人，愿意将自己所掌握的知识分享给企业的其他员工。担任导师的员工既可以是人才的直接上级，也可以是其他部门的高级主管或者企业的资深员工。导师要定期和人才交流沟通，及时了解人才的思想动态和工作业绩，帮助其解决工作中遇到的各种问题，将自己的工作经验传授给人才，使人才在工作的过程中少走弯路。为使导师制这种培养人才方式在实践中获得最佳效果，企业可以和每位导师及其所负责的人才签订协议，在协议内约定好导师的工作职责和人才在规定时间内需要达到的工作业绩标准，并制定对导师和人才完成相应工作目标后的激励措施，这样可以在最大程度上激发导师的工作积极性。

2.5 人才基本理论

2.5.1 人才资本流动理论

人才资本流动理论主要包括库尔特·勒温的心理场、组织寿命学说、配第-克拉克定理、人口迁移理论和人才流动的决策模型。

(1) 勒温的心理场。

德育美国学者勒温认为一个人的行为是随着人与环境这两个因素的变化而变化的，用公式表示为：

$$B=f(P,E)$$

式中，B 为一个人的行为；P 是指具体的一个人；E 是指全部的对心理场的解释环境。根据勒温提出的这个公式我们可以看出，一个人的工作绩效取决于两方面，一个是其自身的能力，另一个是环境的影响。一个人工作业绩的大小是由其自身能力和其所处的环境条件综合决定的。如果一个人的自身能力很强，但是所处的工作环境或其他外部环境不好，那么这个人也无法取得良好的工作绩效，时间久了，这个人就可能流动到其他单位去。勒温的心理场理论反映了环境对个人工作绩效的重要影响，一定程度上解释了造成人才流动的原因。

(2) 组织寿命学说。

美国学者卡兹提出了人力资本流动中的组织寿命学说。卡兹以科研组织作为研究对象,他指出每个组织都是有一定寿命的,组织内信息交流的程度、组织获得成果的多少、组织的硬件和软件状况等因素对组织寿命具有非常重要的影响。在对一些科研组织进行广泛调研的基础上,卡兹发现组织和个人一样,其整个生命周期也有从成长到成熟再到衰退的过程。对于一个组织而言,其最佳的年龄区间是1.5~5年。一个组织如果超过了5年这个时间节点,就要对组织机构进行重组和改革,就要对组织内的人才进行适当的调整,这个时候就会发生人才的流动。组织寿命学说认为人才的合理流动对企业的长远发展具有重要意义,只有通过合理的人才流动,才能为组织的发展注入新鲜血液,才能实现人才的协调发展,才能保持组织的发展活力。

(3) 配第-克拉克定理。

“配第-克拉克定理”缘起于古典政治经济学关于“劳动生产性与否”的争论。在这一时期的争论中,配第指出了劳动在不同部门的表现。在配第看来,“工业的收益比农业多,而商业的收益又比工业多,随着经济的发展,劳动力逐渐从农业转向工业,再从工业转向商业”。随后,英国经济学家费希尔又进一步指出:“生产结构的变化表现为各种人力、物力资源不断地从第一产业转向第二产业,再从第二产业转向第三产业,即使政府进行干预也无法阻止这一进程”,至此,三次产业的提法正式形成。配第和费希尔都指出了生产要素在不同产业间的转移次序,但真正明确地指出经济进步与劳动力产业分布相关关系的,应归功于科林·克拉克。20世纪40年代,英国经济学家、统计学家科林·克拉克在《经济进步的条件》一书中,以配第定理和费希尔的三次产业划分为基础,对40多个国家和地区在不同时期(1925—1934)三次产业的劳动投入产出数据资料进行了整理和归纳,总结出随着经济的发展和人均国民收入水平的提高,劳动力首先由第一产业向第二产业转移,然后再向第三产业转移。这就是后人称之为的“配第-克拉克定理”。

劳动力为什么会在三次产业间发生这样的转移次序，克拉克从劳动生产率和产品需求两个维度进行了分析：对于第一产业，劳动生产率的提高和大众对农产品相对需求的下降导致农业劳动力将不断地从第一产业转移出去；对于第二产业，劳动生产率的提高和大众对工业品需求的增加导致劳动力需求增加，这些劳动力主要来自农业部门，随着经济的进步，大众对工业品需求趋向稳定，工业部门的劳动力又逐渐转移出去；第三产业的情况与农业、工业有所不同，大众对服务需求的增长速度快于该部门劳动生产率的增长速度，因此，第三产业会不断地吸收大量劳动力，引起劳动力的流入。①

(4) 人口迁移理论。

拉文斯坦早在19世纪末就对人口迁移的特点和人口流动的原因进行了详尽的研究，其研究成果至今还被很多研究学者广泛采用。拉文斯坦指出，随着经济社会的不断发展，人们的需求会不断发生变化，因而人口会在地域范围内不断地发生迁移，而且人口的迁移是有规律可循的。人口迁移的规律主要体现在以下几点：① 从距离的角度来看，人口迁移大多是短距离的，选择长距离的移民所占比重较少。在长距离的移民中，大多数人迁移时地域选择较强，往往会以较大的工商业中心为主要迁移目的地。② 从迁移目的地的角度来看，一般是乡村人口向城市地区迁移的较多，城市地区向乡村地区迁移的概率较小。在地域选择上，一般会遵循从乡村到城镇、从小城市到大城市的迁移倾向。③ 从年龄分布的角度看，移民中年轻人所占的比重较高，其次是中年人，老年人所占的比重最低。④ 从性别和迁移距离的角度来看，女性移民一般选择的是短距离的迁移，较多的男性居民会选择长距离的迁移。⑤ 从迁移的动机来看，移民中较多是因为经济原因而选择迁移，因此迁移的目的地较多会选择经济环境较好的工商业中心，这些工商业中心也因此成了人才的主要集聚地。另外，单从迁入与迁出两个地区的情况来看，虽然存在人口的不断流入和流出，但由于从目的地"返回"的补偿流的影响，两地间的

---

① 孙晓华."配第-克拉克定理"的理论反思与实践检视——以印度产业发展和结构演化为例[J].当代经济研究，2020(03):47-54.

净迁移量在总迁移量中所占的比重并不大。

除了拉文斯坦的人口迁移理论外，英国经济学家希克斯重点分析了造成劳动力流动的原因。希克斯在实地调研的基础上，通过对调查数据的统计分析指出，造成劳动力流动的原因虽然很多，但是最主要的、起决定作用的原因，就是地区之间的工资水平的差异。人们往往是基于对目前所在地区、所在单位的物质待遇不满意而产生了想要流动的想法，然后便开始有意识地搜寻想要迁入的目的地。在经过详细的考察和对比后，人们一般会选择物质待遇水平较好的地区作为迁入目的地。芝加哥大学教授沙斯特德在其研究成果中详细阐述了人力资本在迁移过程中的主要经济成本与收益。他基于理性人的假设认为，人们在选择是否迁移时一定会将迁移所带来的经济成本和经济收益进行对比。只有在迁移所带来的收益大于迁移的成本时，人们才会做出迁移的决定。如果迁移的收益小于迁移的成本，人们便会选择继续观望，等到时机成熟后才会选择迁移。

(5) 人才流动的决策模型。

除了国外学者提出的一系列的人才资本流动的理论外，我国学者张弘、赵曙明提出了具有重要影响的人才流动决策模型。① 该理论从组织的双重视角对人才流动的原因进行了具体的分析，其假设前提仍然是理性人假设。张弘、赵曙明认为，由于人都是理性的，因此人才流动的最根本的原因是人才个体追求其工作状态效用最大化。决定人才流动主要有两个条件：一是所寻找到的新的工作比现在的工作能带来更大的效用；二是所寻找到的新的工作状态与目前的工作状态的效用差能够抵偿人才流动所引发的直接成本的支出。如果满足了这两个条件，那么人才的流动行为便会发生。基于这样的分析，张弘、赵曙明建立了一个成本收益模型，即：$F_1=V_{FJ}-V_{NJ}-C_r$。该模型可以为个体在做出是否流动的决策时提供有益参考。该模型以人才目前所从事的工作能带来的效用作为人才流动的机会成本，以目标工作可能带来的效

① 张弘，赵曙明.人力资源成本的有效管理[J].中国人力资源开发，2008(11).

用作为收益进行分析。该模型中，F_1为人才流动个体的成本收益；V_{FJ}为目标工作带来的效用；V_{NJ}为目前工作带来的效用；C_r为人才流动的直接成本。根据这个模型，人才是否流动主要取决于收益与成本的对比，即取决于F_1这个数值。当$F_1>0$时，表明目标工作所带来的收益大于所付出的成本，那么人才所做出的个体决策便是选择流动；当$F_1<0$时，表明目标工作所带来的收益小于所付出的成本，那么人才个体的决策便是不流动。

除了上述模型外，张弘、赵曙明还建立了人才流动的组织决策模型，即：$F_2=I-C$。在这个公式中，F_2表示人才流动的组织成本收益，I表示人才使用效益，C表示人才使用成本。人才流动的组织决策取决于F_2这一数值的大小。当$F_2>0$时，表明人才使用效益大于人才使用成本，那么人才流动的组织决策便为流动；当$F_2<0$时，则表明人才使用成本大于人才使用效益，那么人才流动的组织决策便为不流动。结合人才流动的个体决策模型和人才流动的组织决策模型，我们可以得到人才流动的最终模型，即：$F=(F_1,F_2)$。该公式表示人才的流动行为是否发生取决于个体决策和组织决策这两个方面。该决策模型在分析人才的流动行为时，除了考虑个体的决策影响外，将组织的决策行为放在与个体决策行为同等重要的位置，认为人才流动行为是否发生最终要取决于对人才与组织两者的成本收益进行比较这一结果。这一理论的研究视角新颖，避免了单纯考虑个体决策时对人力资源配置所产生的一系列不利的影响，因而具有重要的理论意义。

2.5.2 人才资本配置的基本原理

在经济社会领域中，人才资本处于不断的配置和流动中，要实现人才资本的最佳配置，就必须遵循人才资本配置的基本原理。人才资本配置的主要基本原理如下。

(1) 人才资本配置的机会成本原理。

机会成本是指人们在做出某种行为决策时，为了得到某种东西所要放弃的另一些东西的最大价值。具体到人才资本配置这一问题上，可以理解为人才在选择另外一种职业时,所放弃的现在的职业所带来的最大价值。人才资本配置的机会成本原理主要体现在两个方面:一方面是职业的选择和岗位的选择,也就是当人才重新进行职业和岗位的选择时,往往会和现在职业和所处岗位的具体情况相比较,现在的职业和岗位给人才带来的最大的价值就成为人才流动的机会成本。人才只有觉得流动后目标单位所带来的总体收益大于机会成本,才会实施加入目标单位这种行为,否则便会选择继续留在本单位工作。另一方面是要看人才现在是否处于最佳时期,人才的才能是否得以充分发挥。从这个角度看,用人单位管理层在进行人才资本的配置过程中,要抛弃以前的陈旧观点,要用动态的、比较的观点看待人才资本的合理流动问题。在考虑是否对人才进行配置时,既要结合每位人才的综合素质水平和在现在岗位上所取得的成绩,也要考虑人才在其他岗位上可能取得的最大成绩。只有将两者进行比较,才能做出是否进行人才配置的最佳决策,才能把合适的人才安排在最佳的岗位上,才能更加充分地激发人才的工作积极性和主动性,最终实现人才使用效益的最大化,促进单位经济效益的提高。

(2) 人才资本配置的边际效用原理。

边际效用是指最后一个消费单位,即边际单位的最小效用。西方经济学中所认为的边际效用递减规律同样适用于人才这种特殊的商品中。随着人力资本数量的增多,每单位人才所带来的效用不断降低,这就要求用人单位在进行人力资本的配置时必须要考虑人才资本结构的最优化问题,要充分调动每一单位人才的工作积极性和主动性。人才结构优化指的是用人单位在建立人才群体结构时,要站在组织的总体发展目标与发展战略的高度上,结合用人单位对人才的需求情况及人才群体结构的变化规律,结合不同岗位对不同层次人才的需求,将不同层次、不同年龄、不同技能水平的人才有机配合,以更好地发挥人才群体的综合作用,使人才群体内的各种因素达到最佳的配合状态。人才结构能否实现最优化对用人单位发展具有重要意义,只有实现了人才结构的最优化,才能使人才群体更加精干、高效,才能发挥出人才的最佳效能。

(3) 人才资本最佳配置原理。

人才资本的最佳配置是指在人才配置的过程中,要想方设法地达到以最小的成本支出获得最大的效益的目的,充分实现资本的合理、有效利用。根据这一理论,人才在配置的过程中要充分发挥最佳效能。对于用人单位而言,要达到人才资本的最佳配置,必须要在用人单位内确定合理的职能划分,要改变以人定岗的错误观点,要向以岗定人的方向转换,结合不同岗位对不同人才的需求情况,将人才安排在最合适的岗位上。另外,在明确用人单位的岗位职能的基础上,要想将人才配置在最佳位置上,用人单位必须对不合理的选人用人机制进行改革,要提供充分的机会和条件让优秀的人才脱颖而出,要使用人单位内部的每个岗位都充满生机和活力,这样才能充分激发人才的工作热情、提高人才的工作效率。

(4) 人才资本配置的乘数原理。

人才资本配置的乘数原理是指随着优秀人才加入某用人单位,有可能会带动这些优秀人才身边更多的优秀人才加入该用人单位。人才乘数效应现象在现实生活中广泛地发挥着作用。一方面是因为人才的示范效应,随着人才加入某用人单位,其亲朋好友或者周围认识的一些人才便会向其打听该单位给予的人才优惠政策是怎样的,这就有可能激发这些人才了解该用人单位的兴趣,在条件成熟后,这些人才就有可能加入该用人单位。另一方面,优秀人才看到其身边熟悉的人另谋高就,他们也会想方设法提高自身的工作技能,以便有机会到更好的单位工作。在身边人的带动下,人才的流动率逐渐增加,越来越多的优秀人才向更好的单位集聚。对于用人单位而言,要想吸引更多的优秀人才的加入,必须不断提高自己的硬件和软件水平,进一步制定和完善引进人才的优惠政策,这样才会吸引优秀人才的加入。随着优秀人才的不断加入,在人才资本配置乘数原理的作用下,越来越多的优秀人才便会加入该企业。有了大批优秀人才的支撑,企业的发展速度也会越来越快,这样,人才的引进与用人单位的发展便达到了一种最佳的良性循环状态。

2.6 当前人才需求的发展趋势

2.6.1 对文化创新人才的需求逐渐增加

在激烈的全球竞争中，文化竞争的作用越来越突出，已经成为国与国之间竞争的关键点。一个国家要想在激烈的文化竞争中占据主动权，就不能仅仅停留在对知识技术水平较高的人才的需求上，还必须要注重培养更多的优秀的文化创新人才。只有拥有一大批富有创新精神和创新能力的文化创新人才和文化创新人才团队，我们国家才能拥有充分的话语权，才能在国际竞争中立于不败之地，中华民族的伟大复兴才会拥有强有力的文化基础。

2.6.2 对知识创新和科技创新人才的需求日渐增加

在当前和平与发展的国际大环境中，由于霸权主义和强权政治依然存在，因此，我们必须清醒地认识到，国与国之间的竞争依然非常残酷，我们稍微松懈就会被淘汰。当前，以美国为首的发达国家凭借其在经济、技术和军事等方面的优势地位，在世界范围内从各个方面对发展中国家展开掠夺，涉及人才、资源、市场、技术、军事等各个方面，这其中以对人才的争夺最为突出。当前，面对国际竞争的大趋势，各国都已经清醒地认识到人才在一个国家经济社会发展中乃至国与国之间竞争中的重要作用。因此，各国对知识创新人才和科技创新人才的需求日渐增加。发达国家包括发展中国家逐渐加大对知识创新人才和科技创新培养人才的资金投入力度和政策支持力度，加大对新材料、新能源、生命科学、信息自动化、海洋科学、航空航天等重要领域的支持力度，对这些重要科技领域的人才的争夺大战已经趋于白热化。哪个国家拥有的知识创新人才和科技创新人才越多，哪个国家就会在国际竞争中占据主导地位。

2.6.3 对制度创新人才的需求逐渐增加

一般认为，一个国家的科技发展水平越高，这个国家的经济发展水平和综合国力水平也就越高。但是，我们也要清醒地认识到，一个国家的综合国力的高低，并不完全取决于科技水平的高低，还要受到很多因素的制约，其中一个非常重要的因素就是一个国家的制度创新程度的高低。在人类社会不断发展的过程中，社会的经济政治制度也在不断地调整变化，如果制度不能适应变化的环境需要，那么这种制度就会阻碍社会的发展，最终必然会被淘汰。因此，一个国家要发展、人类社会要进步，就必须不断地进行制度的创新，不断地更新管理知识、提高管理技术、优化管理方法，积极探索建立起更加科学、更加完善的管理体制和管理制度。由于制度创新的重要作用，当今社会对制度创新人才的需求必然逐渐增加。在培养人才的过程中，我们必须转换观点，不断加大对制度创新人才的培育力度，不断拓宽制度创新培养人才的方式方法。只有这样，才能满足整个社会对制度创新人才的需求，才能促进经济社会的发展。

3 山东省重点用人单位引进人才与培养人才现状实证分析

3.1 引进人才与培养人才现状调研过程

3.1.1 调研的设计

笔者对山东省重点用人单位的调研主要包括调查方法的选择、调查时间的确定、调查问卷的回收与整理等几个方面。

调查方法主要包括访谈法和问卷调查法两种。访谈法是指笔者选取山东省重点用人单位的管理层进行深度访谈，访谈人数为管理人员 20 人，一般员工 60 人。访谈法既可以是个别访谈，即调查人员与每一位管理人员进行单独访谈；也可以是分组访谈，即调查人员与管理层或员工（主要是员工）进行一对多的访谈，一般来说每个访谈小组以 6～8 人为宜。访谈法的目的是通过与管理层和员工进行面对面的交流，初步了解山东省中小企业引进人才、培养人才、引进人才与培养人才融合中存在的一些问题，为调查问卷的设计奠定基础。在利用访谈法掌握基本资料的基础上，笔者设计了系统完善的调查问卷。调查问卷主要涉及两大部分内容，第一部分是被调查人员的基本信息，包括性别、年龄、学历层次、工作岗位、工作年限等方面。第二部分是从各个角度设计的反映山东省重点用人单位引进人才、培养人才以及引进人才与培养人才融合中的一些问题的题项，这些题项既有单选题也有多选题。通过让被调查者填写调查问卷，并运用调查软件对调查数据进行具体分析，可以找出引进人才、培养人才以及引进人才与培养人才融合中存在的具体问题，为后续对策的提出奠定基础。

调查时间要根据不同的调查方法来确定。访谈法的时间不能太短，也不能太长，一般为40分钟左右，调查者要充分掌握好访谈的时间。访谈时间过短，调查者难以真正深入地了解被调查者对所在单位引进人才及培养人才方面的真实的意见和想法；访谈时间过长，容易引起被调查人员的反感，影响访谈效果。

访谈过程中要注意如实地记录被调查者的回答，并将访谈资料一一汇总，从中归纳总结出管理层和员工对单位引进人才与培养人才过程中存在的一些问题的具体看法。访谈结束后，通过对访谈资料进行归纳分析，为调查问卷的设置提供参考。问卷初稿设计出来后，通过征求本专业领域的专家学者的意见对调查问卷进行了反复修改，通过不断地修正和完善，最后形成正式的调查问卷。

3.1.2 样本的选择

本次调研共选取750位被调查者进行调查问卷的填写工作，被调查人员的基本信息情况涉及性别、年龄、学历、岗位和在本岗位的工作年限等几个方面，具体的人数分布情况如表3-1所示。

表3-1 样本基本信息

	类别	人数/人	分布比例/%
性别	男	472	62.9
	女	278	37.1
年龄段	30岁及以下	188	25.1
	31～40岁	312	41.6
	41～50岁	195	26.0
	51岁及以上	55	7.3

表 3-1(续)

类别		人数/人	分布比例/%
学历	高中及以下	79	10.5
	大专	113	15.1
	本科	303	40.4
	研究生及以上	255	34.0
岗位	一般工作人员	566	75.5
	中层管理人员	142	18.9
	高层管理人员	42	5.6
在本岗位工作年限	3 年及以下	50	6.7
	3 年以上、5 年以下	360	48.0
	5 年以上、10 年以下	267	35.6
	10 年以上	73	9.7

3.1.3 问卷的有效性控制

问卷的有效性直接影响数据的真实性,进而影响最终的分析结果,必须从多方面确保调查问卷的有效性。为此,笔者主要做了以下几个方面的工作:首先,在调查问卷发放之前,及时与所要调查的企业负责人和有关人员进行反复的协调和沟通,事先做好各项准备工作,确定好具体的调查问卷发放地点和调查问卷的填写时间,使得后续调查问卷的发放和调查工作能够得以顺利进行。其次,问卷的填写是否规范、准确直接影响调查的最终结果,因此笔者和企业有关工作人员必须组织员工认真地进行调查问卷的填写工作,特别强调调查问卷采取匿名填写的方式,使被调查者能够在没有思想压力的状态下对待这项工作。在调查问卷的填写过程中,还要询问被调查者是否有看不懂或者不理解的选项,对于被调查者存在疑问的选项及有关问题,笔者及时给予解释说明,确保调查问卷的填写能够顺利进行。另外,员工填写完调查问卷后,要现场收回所有的调查问卷,并对收回的最终问卷的数量和质量进行仔细检查和校对。如果发现调查问卷中存在明显错误或回答问题非常少要直接予以剔除，不进行录入。通过采取以上几种措施，调查问卷的有效性和数据的真实性得以保障，为后续调查问卷的分析工作奠定良好的基础。

3.2 数据的描述性统计结果

3.2.1 对引进人才与培养人才基本情况的统计分析

(1) 就业的基本渠道情况。

目前，用人单位人才招聘的主要渠道包括校园招聘、网上招聘、人才市场招聘、熟人介绍以及其他方式。通过对调查数据的统计分析，了解员工的主要就业渠道可以把握目前用人单位在引进人才时所采用的主要方式是什么，并能通过对各种招聘渠道的优缺点进行对比分析，为用人单位引进人才方式的选择提供一定的意见参考。

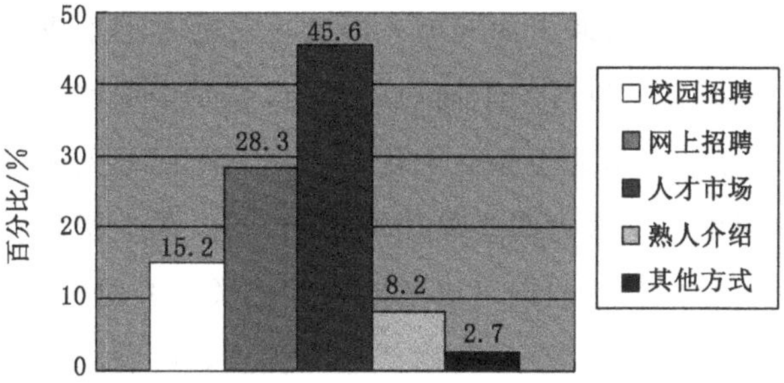

图 3-1 就业渠道情况

图 3-1 的统计数据显示，被调查者中有 15.2%是通过校园招聘的方式就业的，28.3%的被调查者是通过网上招聘的方式就业的，通过人才市场解决就业问题的被调查者比例达到 45.6%，另外有 8.2%的被调查者通过熟人介绍的方式找到工作，2.7%的被调查者通过其他方式解决了就业问题。

根据调查结果我们可以发现，目前人才市场这种就业渠道是用人单位在引进人才时所使用的最为主要的方式。为更好地发挥人才市场在引进人才中的重要作用，用人单位在招聘会举行之前一般都会通过各种渠道对招聘会的时间、地点、招聘人才的类型进行具体的介绍。在掌握这些基本信息之后，应聘人员可以有针对性地准备自己的材料，并可以通过网上查找、熟人打听等方式了解用人单位在引进人才方面的政策措施，为应聘成功打下良好的基础。通过人才市场，用人单位人力资源管理部门可以在招聘现场与所应聘的人才进行面对面的交流，详细地向他们介绍单位的人才优惠政策，以吸引应聘人员的兴趣，为吸引优秀人才的加入奠定良好的基础。另外，用人单位可以根据需要引进的人才的类型召开不同层次的招聘会。这种招聘会的规模不需要太大，但一定要做到针对性强、目的性强，这样的招聘会由于节省了应聘人员的时间、提高了招聘效率而受到应聘人员的普遍青睐，对用人单位而言也取得了较好的招聘效果。

除了人才市场这种招聘方式外，网上招聘方式也成为人才就业的主要渠道。在当前激烈的市场竞争中，时间是最宝贵的财富，网上招聘最大的特点就是节省了用人单位和应聘者的时间。应聘人员通过网上查找用人单位的招聘信息，可以随时随地进行网上简历的投递，这对于那些正在用人单位工作而想要重新就业的人员来说是一大优势。因为这部分人才目前正处于就业状态，他们不可能有很多时间去参加专场招聘会，网上招聘有效地解决了这部分人才的后顾之忧，使他们可以随时从网上关注自己需要的招聘信息。另外，网上招聘具有覆盖面较广、费用低廉等优点。应聘人员只要上网就能了解到用人单位的所有的招聘信息，包括用人单位的基本情况介绍、不同的人才需求岗位、各个岗位的不同待遇等。网上招聘的方式不需要用人单位投入人力、物力布置招聘场所，不需要安排专人在招聘现场随时接待应聘人才，对用人单位而言既节省了招聘时间，也节省了招聘费用。但是，网上招聘也有缺点，比如网上应聘人员的素质参差不齐，很多应聘人员只要看到用人单位发布招聘信息就会投放简历，他们会同时向很多用人单位投放简历，很多人只是抱着试一试的态度，自己并不一定符合应聘单位的要求，甚至他们对应聘单位本身也不是很感兴趣。但作为用人单位而言，面对网上应聘人员投放的大量简历，他们要在一定时间内完成对简历的筛查确认工作，这对于用人单位特别是人数较少的中小企业而言工作量是非常大的。即便用人单位对简历筛查完后，确定了想要引进的目标人才，还是需要后期人力资源管理部门的专门人员与应聘人员进行不断的沟通和协商。

校园招聘是目前用人单位招聘高校初次就业的应届毕业生的重要渠道。通过校园招聘，用人单位现场发放宣传材料，并面对面地向学生介绍用人单位的有关情况，可以激发和提高优秀学生的就业兴趣，可能现场就与这些人才达成就业意向，或者为以后双方达成就业意向奠定良好的基础。更为重要的一点是，通过每年定期在不同的高校举办招聘会，可以极大地提高用人单位在高校圈里的知名度。用人单位在招聘的过程中可以建立优秀人才数据库，这为用人单位储备人才提供了良好的、费用低廉的人才库来源。对于那些没有与用人单位达成就业意向的优秀人才，用人单位在今后也可以通过各种途径关注这些人才，当时机成熟、条件允许时这些人才有可能会重新选择用人单位。校园招聘方式也有缺点，比如其招聘的对象是初次择业的大学生，这些大学生的职业化水平普遍不高，他们在选择到某家用人单位工作时有可能就是凭一时冲动，根本没有经过认真的对比和思考，因此这种就业决定具有不稳定性的特点。由于没有经过社会的历练，很多大学生好高骛远，他们在用人单位工作一段时间后如果发现用人单位的薪酬待遇等方面跟自己的预期存在很大的差距，他们可能马上就会选择离职。而且，大学生年龄小，没有家庭的牵绊，他们的离职成本很低。因此，与其他招聘方式相比，校园招聘方式最大的缺点就是所招聘人才的不稳定性较大。另外，高校学生在学校里接触的主要是课本上的理论知识，在就业前没有接受系统的专业技能训练，因此，用人单位面临着如何对这类人才进行系统完善的培训工作，以帮助他们顺利地完成从学校生活到单位就业的顺利转变，这对于用人单位而言是一项很大的成本开支。用人单位不仅要考虑培训成本开支，还要考虑培训的效果，因为一旦培训效果不佳而导致人才流失，就会造成企业人力、物力、财力的大量浪费，影响企业的正常发展。

(2) 对引进人才与培养人才融合情况的总体满意度情况。

为了了解人才对用人单位引进人才与培养人才融合方面的总体满意度情况，笔者在调查问卷中设计了题项“您对贵单位引进人才与培养人才融合情况满意吗”，运用 SPSS 对调查数据进行均值分析后，调查结果如图 3-2 所示。

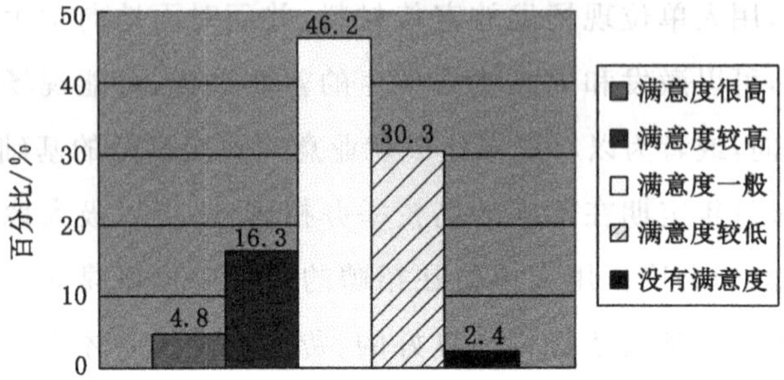

图 3-2 引进人才与培养人才融合情况感知程度

根据图 3-2 的数据分析结果可以看出，有 2.4％的被调查者对用人单位的引进人才与培养人才融合情况没有满意度，30.3％的被调查者认为满意度较低，46.2％的被调查者认为满意度一般，三者的总和高达 78.9％；对用人单位的引进人才与培养人才融合情况满意度很高和满意度较高的分别占被调查人员总数的 4.8％和 16.3％，两者的总和仅为 21.1％。

由此可知，被调查者对当前山东省重点用人单位引进人才与培养人才融合情况总体不满意。笔者通过分析认为，造成该现象的原因主要是当前山东省重点用人单位没有把引进人才与培养人才这两部分工作综合考虑，该问题已经成为目前山东省重点用人单位在人才工作中的一块短板，既是摆在用人单位管理层面前的一大难题，也是用人单位必须要想方设法加以解决的一大问题。目前，只有建立引进人才与培养人才融合的有效机制，才能促进人才的全面发展。

(3) 被调查者自身能力发挥状况。

为了了解被调查者在目前的工作中自身能力是否达到了最大程度的发

挥，笔者在调查问卷中设计了题项“您认为自己目前的能力发挥程度为多少”。通过对数据的统计分析，得到图 3-3 的调查结果。

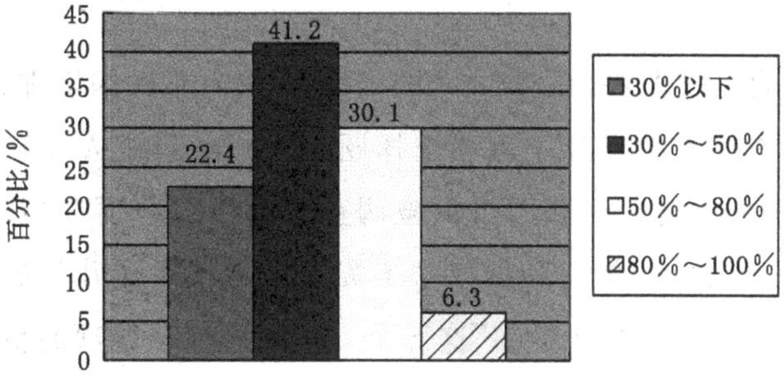

图 3-3 自身能力发挥程度

根据图 3-3 我们可以看出，22.4%的被调查认为自身的能力发挥程度不到 30%；41.2%的被调查者认为自身能力发挥程度不到一半，在 30%～50%之间；认为自身能力发挥程度超过 50%的被调查者为36.4%，这其中只有6.3%的被调查者认为自身能力达到极大发挥，为80%～100%之间。

根据上述统计分析结果可以看出，面对当前用人单位之间严峻的人才竞争状况，虽然大多数用人单位已经逐渐加大了对人才的培养力度，想方设法地提高人才的工作积极性，但从对山东省重点用人单位人才自身能力发挥情况这个角度来看，用人单位的政策措施并没有取得预期的效果，人才的自身能力仍然没有得到最大程度的激发。究其原因，可能是一方面管理层在制定培养人才的措施时缺乏对人才需求的了解，所制定的政策措施不能很好地迎合人才内心的需求，因此不能取得预期的效果，人才的工作积极性没有被真正地调动起来，自身能力的发挥自然会受到限制；另一方面，人才自身能力的发挥情况受到多种因素的综合影响，用人单位除了要制定培养人才的措施外，还要制定一系列的配套措施，比如完善的企业制度和企业组织结构、较高的薪酬福利水平、完善的人才职业晋升制度等。只有企业的各种配套措施与培养人才的措施相互协调，才能达到培养人才措施的最佳激励效果，人才的自身能力也才会得到最大程度的激发。因此，企业的每一项政策措施都不是孤立的，都与其他方面的规章制度、政策措施有着千丝万缕的联系，只有企业全方面发展了，人才的自身能力才能发挥到极致，这对企业管理层提出了更高的要求。

(4) 在影响引进人才和培养人才的因素中，最看重的因素排名情况。

笔者在调查问卷中设计了单项选择题："在影响引进人才和培养人才的因素中，您最看重的是哪一条"，可供被调查者选择的题项有"获得更广阔的晋升空间""获得领导的信任和授权""工资水平有较大提升""福利水平有所改善""企业拥有良好的文化氛围"这五个方面。设计该题项的目的是找出被调查者最为看重的因素是什么，以便企业在制定引进人才和培养人才的有关措施时有所参考。调查结果如图 3-4 所示。

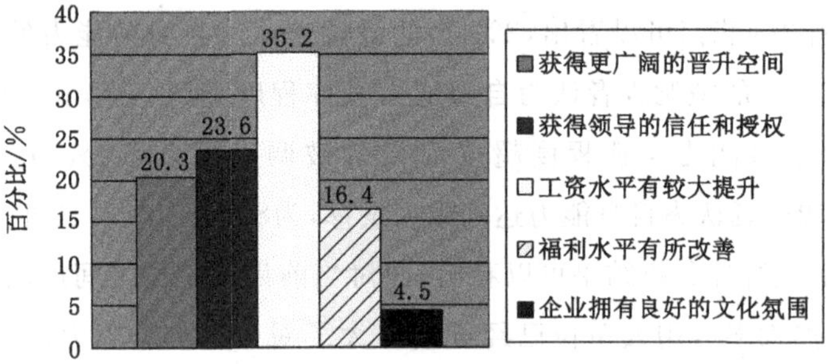

图 3-4 最看重的因素占比情况

根据图 3-4 可以看出，占比重最高的选项是"工资水平有较大提升"，有 35.2％的被调查者选择了这一题项。这个结果说明，当前工资水平的高低依然是很多人才最为看重的因素。这是因为这些人才大多是家庭的中流砥柱，是家庭经济生活的主要来源，其工资水平的高低会直接影响整个家庭的生活水平的高低。因此，在影响引进人才和培养人才的因素中，人才最为敏感的往往是工资水平的高低这一因素。企业在引进人才时，应聘人员首先要考虑的是企业给他们提供的工资水平如何，在对工资水平满意的基础上才会考虑其他因素。企业在培养人才时，人才关心的一个重要问题往往也是通过接受企业的一系列培训后他们的工资水平能够提高多少。不管是从现阶段来看还是从未来较长的一段时期来看，工资水平的高低都会是人才最为看重的一个因素。因此，对于企业而言，在引进人才和培养人才的过程中，必须要把提高人才的工资水平摆在非常重要的地位，只有这样才能吸引人才，才能留住人才，才能不断激发人才的工作积极性，企业的长远发展才会拥有持久的动力。

调查中选择期望“获得领导的信任和授权”这一选项的占被调查者总数的23.6%，这是除了期望“工资水平有较大提升”外被调查者最为看重的因素。这说明，当前人才在企业工作的过程中期望拥有更多的自主权，不希望受到企业不良的规章制度的不利影响。这也提醒企业管理层在对人才进行管理的过程中，要充分信任人才，在此前提下，给予人才充分的权力，让人才可以独立自主地开展工作，让人才感受到领导的信任和支持，感受到领导的尊重，这样人才才会更加积极主动地完成工作，才能最大程度地发挥潜能。作为领导，在工作中更应该关注的是那些关系企业长远发展的战略性的问题，领导如果事必躬亲，人才必然会感觉受到压制，会感觉在企业没有发展的前途和空间，必然会消极怠工，甚至会选择离开企业另谋高就，长此以往，企业的优秀人才必将流失的越来越多，企业就会没有发展前景。

另外，20.3%的被调查者期望“获得更广阔的晋升空间”，这说明人才在看重物质激励的同时对精神激励也越来越看中，很多人才期望在企业里能有较为广阔的晋升空间，能够获得职业满足感。因此，对于企业管理层而言，要想吸引优秀人才加入企业，要想充分激发人才的工作积极性，必须为人才提供广阔的晋升空间，使人才能够看到发展的前途，能够看到随着自己年龄的增长和工作技能的提高可以得到不断晋升和发展，这样才能最大程度上激发人才的工作热情，促进人才的发展。如果企业的晋升空间有限，即使给人才提供了较高的工资待遇也会引起人才的强烈不满，缺乏职业晋升带来的满足感人才就会感到不受重视，就可能会选择离开企业。调查结果还显示，分别有16.4%和4.5%的被调查者希望“福利水平能够有所改善”，希望“企业拥有良好的文化氛围”。

(5) 对内部公平性的调查情况。

笔者在调查问卷中设计了题项:“您认为您的各方面待遇在本企业中所处的水平是怎么样的”,可供选择的题项有“领先水平”“较高水平”“一般水平”“较低水平”“最低水平”。调查结果如图 3-5 所示。设计本题项的目的是了解人才对目前企业给予的各项待遇是否满意,了解用人单位给予被调查者的待遇在本企业中处于什么水平。

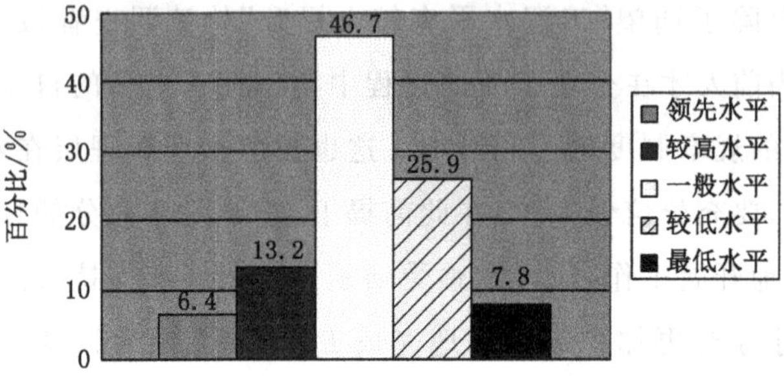

图 3-5 内部公平性调查情况

由图 3-5 可以看出,认为自己的各项待遇水平处在企业内一般水平上的所占比重最高,为 46.7%。这说明大多数被调查者认为自己的待遇水平处于所在企业的一般水平,也就是说,被调查者对本企业给予的各项待遇不是很满意。25.9%的被调查者认为自己的待遇处于较低水平,7.8%的被调查者认为自己的待遇在本企业中处于最低水平,认为处于较高水平和领先水平的仅占 13.2%和 6.4%。

上述数据说明,当前山东省重点用人单位的各项待遇水平存在一定的内部不公平现象,大多数人才认为自己的付出没有在待遇水平上得到很好的体现。人才在工作的过程中,对于自己所处的工作岗位上的各项待遇难免会和企业内相同或相近岗位的人员进行对比。如果他们发现自己所获得的待遇水平低于企业内其他员工的待遇水平,他们就会感觉自己受到了不公平待遇,就会考虑是什么原因导致自己受到不公平待遇,是自己工作不够努力还是其他原因。如果这些人才从自身找不到原因,便会觉得是企业管理层对自己的工作表现或是其他方面不满意而故意为难自己，从而对企业管理层甚至整个企业产生不满情绪，在工作上也不会尽职尽责，慢慢地失去工作的热情，企业的发展也因此会受到不利的影响。因此，对于企业而言，必须深刻认识到内部公平性对激励人才工作积极性的重要作用，企业内部各个岗位的工资以及其他待遇水平的确定必须要建立在充分调研、论证的基础上，要让企业内各个岗位的待遇水平能够真正公平公正地反映出这个岗位人才的工作价值。只有让人才感受到公平，他们才会真正地为企业效力，企业的经济效益才会提高。

(6) 对外部公平性的调查情况。

为了了解企业人才对外部公平性的看法，笔者在调查问卷中设计了题项"您认为您的各方面待遇在本地区同行业中所处的水平如何"，可供选择的题项有"领先水平""较高水平""一般水平""较低水平""最低水平"。调查结果如图 3-6 所示。

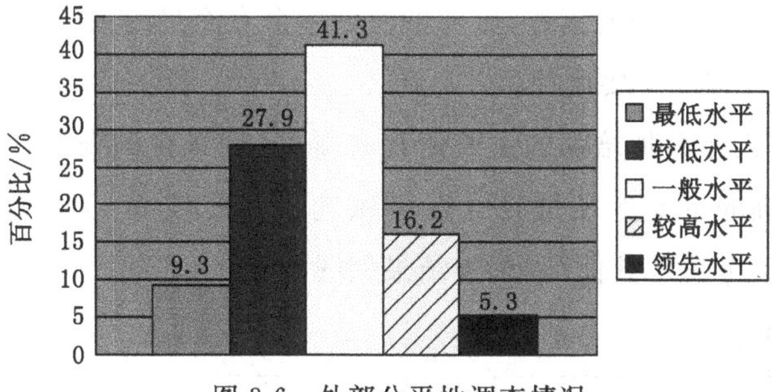

图 3-6　外部公平性调查情况

由图 3-6 可以看出，41.3%的被调查者认为自己现有的各项待遇在本地区同行业中处于一般水平，27.9%的被调查者认为自己现有的各项待遇在本地区同行业中处于较低水平，9.3%的被调查者认为自己现有的待遇在本地区同行业中处于最低水平，认为自己的待遇水平处于本地区同行业中较高水平和领先水平的仅占 16.2%和 5.3%。

调查数据说明，山东省重点用人单位的整体待遇水平在本行业中不占优势，大多数被调查者对企业给予的各项待遇不是很满意，这种外部不公平性严重影响了人才工作积极性的发挥，也是目前一些重点用人单位人才流动率较高的重要原因。这也说明，人才会将自己现有的各项待遇和本地区同行业所提供的待遇水平进行横向比较。如果他们发现自己的待遇水平明显低于其他企业的待遇水平，必然会引发不满，在工作过程中必然会放松要求，不会尽职尽责。受到其他企业良好的人才政策的影响，一些人才在合适的时机便会选择离开现有的企业，跳槽到那些待遇水平较高的企业，这样便会造成人才流失。因此，对于企业而言，必须清醒地认识到其为人才所提供的各项待遇在本行业中处于什么样的水平，在制定本企业对于不同层次人才的各项待遇之前，必须要通过各种途径深入地了解其他企业对相同或相似的岗位提供的人才待遇政策是怎样的。只有了解了其他企业的政策情况，并在参考其他企业人才政策的基础上有针对性地制定本企业更加丰厚的人才待遇，才能让人才感受到自己所享受的待遇和其他企业相比更高、更有吸引力，这样人才才会选择继续留在本企业工作，企业的发展才会有充足的人才保证。

(7) 参加培训的主要途径。

为了了解人才参加培训的主要途径有哪些，笔者在调查问卷中设计了题项“您参加培训的主要途径是什么”，可供选择的题项有“会议交流”“讲座”“培训班”“相关考核”“其他”。调查结果如图 3-7 所示。

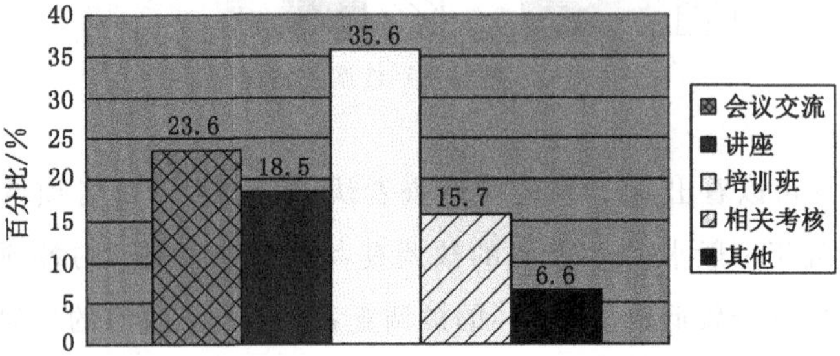

图 3-7　参加培训的主要途径

由图 3-7 可知，有 23.6%的被调查者是通过会议交流的方式进行培训的，

18.5%的被调查者以参加讲座作为培训的主要途径，以培训班的形式进行培训的比例为35.6%，以相关考核的方式进行培训的为15.7%，另外还有6.6%的被调查者以其他方式进行了培训。

调查结果说明，目前参加培训班是各用人单位采取的主要人才培训途径。这主要是因为培训班具有以下优点：第一，用人单位在进行培训时可以邀请到本专业高层次的人才作为培训师进行针对性的培训，培训方式更加专业，可以为人才提供专业的技能培训和技术培训，有利于人才的全面发展。第二，培训班的针对性强，针对不同层次的人才可以安排不同的培训班，培训效果较好。第三，培训班一般在培训后会安排相应的考试对培训的内容进行考核，在人才接受培训后的一段时间内通过监督、检查人才的工作情况可以对培训的效果进行科学衡量。除了培训班这种培训方式外，各用人单位还积极采取会议交流的方式提高人才的各种技能。会议交流最大的优点是培训人员可以和培训师以及企业的管理人员进行面对面的交流，在交流中参与培训的人才可以适时地提出自己在工作中遇到的一些问题，培训师可以有针对性地加以解决；参与培训的人员之间也可以相互交流工作中的经验教训，刚就业的年轻人才可以向那些经验丰富的人才请教。在会议交流的过程中，不但能够提高参会人员的知识技能和综合素质，还能够增强参会人员之间的感情，为以后工作中的相互配合、相互协调奠定了良好的基础。

(8) 每年对人才培训的次数。

笔者在调查问卷中设计了题项“您所在的单位每年对您进行几次培训”，可供选择的题项分别是“1～3次”“3～5次”“5～10次”“10次以上”。这个题项设计的目的是了解山东省重点用人单位目前对人才所提供的培训次数，以及现有培训次数是否有利于人才的培养。调查结果如图3-8所示。

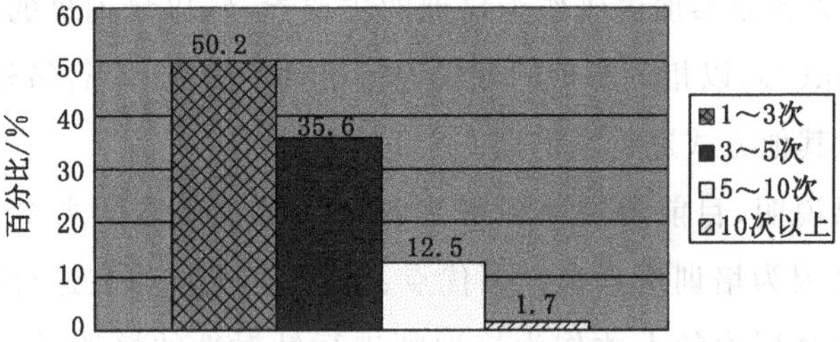

图 3-8　参加培训的次数

根据调查结果可以看出，50.2%的被调查者每年有 1～3 次的培训机会，35.6%的被调查者每年有3～5次的培训机会，两者的比例之和高达 85.8%；每年有 5～10 次培训机会的被调查者所占比例为 12.5%，1.7%的被调查者每年有 10 次以上的培训机会。

根据调查数据可以发现，目前山东省重点用人单位中大多数人才每年获得的培训机会不超过 5 次，所占比重占到被调查者总数的 85.8%。这说明，目前山东省重点用人单位对人才培训的次数较少，这与访谈过程中发现的问题是一致的。目前，很多中小企业出于成本的考虑，都对人才的培训次数进行了严格的限制，而且有限的培训机会往往被管理层所占有，一般人才的培训次数少之又少。在当前信息高速发展、技术快速进步的大环境下，企业如果不提供机会让人才走出去，不让人才学习其他企业的先进经验，不让人才提高自己的知识技能水平，人才所掌握的现有的知识技能很快就会被社会发展所淘汰，人才无法发展，企业的发展也将停滞不前。因此，对于用人单位而言，面临残酷的现实和日益加剧的竞争格局，必须要转变对人才的培训只是单纯的成本支出这种错误观点，管理层要认识到只有通过加大对人才的培训投入力度，为人才创造更多的培训机会，让人才在培训中得以不断发展，企业才不会在激烈的市场竞争中被淘汰，才会基业长青。

(9) 培养人才途径的现状。

为了了解人才对用人单位所采取的培养人才途径的满意度情况，笔者在调查问卷中设计了题项“您认为贵单位的培养人才途径现状如何”，该题项设计了三个选项可供被调查者进行选择，分别为“培养途径单一，不满意”“培养途径多样，满意”“培养途径中等，有待提高”。调查结果如表 3-2 所示。

表 3-2　培养人才途径情况

培养人才途径	百分比/%
培养途径单一，不满意	51.6
培养途径多样，满意	12.8
培养途径中等，有待提高	35.6

由表 3-2 可以看出，51.6％的被调查者认为用人单位对人才的培养途径过于单一，并表示不满意；35.6％的被调查者认为用人单位的培养人才途径中等，有待提高；认为用人单位培养人才途径多样，并表示满意的仅占被调查者总数的 12.8％。

根据以上调查结果可以发现，目前山东省大多数重点用人单位的人才对所在单位所采取的培养人才的途径不满意，培养人才途径的单一化严重影响了人才工作技能的提高和工作积极性的提高。在当今科学技术快速发展、知识更新换代速度较快的情况下，人才只有在工作的过程中不断地参加各种培训，才能使自己所掌握的专业技术知识不至于落伍，才能跟得上知识的更新速度和时代的发展速度。对于用人单位而言，必须采取各种措施拓宽培养人才的渠道、增加培养人才的途径，要针对不同层次的人才提供不同的培养人才途径，使人才能够获得到国内外高校进修学习、到优秀企业参观考察及参加本专业各种培训活动的机会，这样才能充分激发人才不断学习、钻研本专业领域知识的动力，人才的综合实力才能不断提高，人才也才能得到全面发展。

(10) 在引进人才与培养人才融合方面的主要问题。

笔者在调查问卷中设计了题项“在引进人才与培养人才融合方面，您认为贵单位存在的主要问题是什么”，并设计了三个可供选择的题项，分别是“重视引进人才，忽视培养人才”“重视培养人才，忽视引进人才”“引进人才与培养人才都不重视”。数据统计结果如表 3-3 所示。

表 3-3 引进人才与培养人才融合方面的主要问题

主要问题	百分比/%
重视引进人才,忽视培养人才	32.6
重视培养人才,忽视引进人才	40.9
引进人才与培养人才都不重视	26.5

由表 3-3 可知,有 32.6%的被调查者认为所在单位重视引进人才,但忽视培养人才;40.9%的被调查者认为所在单位重视培养人才,但忽视引进人才;认为引进人才与培养人才都不重视的被调查者占调查人数总数的26.5%。

这组调查数据说明,目前山东省重点用人单位引进人才与培养人才融合度不高,很多用人单位要么只重视引进人才,要么只重视培养人才,甚至有的用人单位对引进人才和培养人才两方面都不够重视。这表明,当前引进人才与培养人才融合问题已经成为摆在各企业管理层面前的一大难题,用人单位必须想方设法促进引进人才与培养人才的相互融合,以便有效解决用人单位的“人才难”问题。

(11) 在引进人才与培养人才融合方面最应该加以改进的问题。

笔者在调查问卷中设计了单项选择题“在引进人才与培养人才融合这个问题上,您认为企业最应该加以改进的是哪一方面”,可供选择的四个选项分别为“制定引进人才与培养人才融合的相关制度”“提供引进人才与培养人才融合的相应培训”“加大对引进人才与培养人才融合的有关宣传”“建立引进人才与培养人才融合的配套措施”。对数据进行统计分析后得出的结果如表 3-4 所示。

表 3-4 引进人才与培养人才融合方面最应该加以改进的问题

最应该加以改进的问题	百分比/%
制定引进人才与培养人才融合的相关制度	22.9
提供引进人才与培养人才融合的相应培训	56.3
加大对引进人才与培养人才融合的有关宣传	8.5
建立引进人才与培养人才融合的配套措施	12.3

由表 3-4 可以看出，被调查者中要求用人单位提供引进人才与培养人才融合的相应培训所占人数最多，为 56.3%。这说明，大多数被调查者认为企业要实现引进人才与培养人才的有效融合，就必须为人才提供这方面的相关培训。企业要让人才通过培训了解到什么是引进人才与培养人才的融合，引进人才与培养人才融合的主要内容是什么，人才在工作中应该如何配合企业实现引进人才与培养人才的有效融合。如果没有企业提供的相应培训，人才便无法配合企业实现引进人才与培养人才的有效融合。22.9%的被调查者认为要实现引进人才与培养人才的融合，需要企业制定引进人才与培养人才融合的相关制度，这说明制度的完善对于引进人才与培养人才融合顺利实施的重要性。如果没有完善的制度保障和政策支撑，企业管理层就没有引进人才与培养人才融合的基本依据，引进人才与培养人才融合的具体做法就无法进展下去。因此，对于用人单位而言，要想实现引进人才与培养人才的有机融合，当务之急就是建立并完善企业内部规章制度。12.3%的被调查者认为企业应该建立引进人才与培养人才融合的配套措施，只有具备了完善的配套措施，引进人才与培养人才制度才能得以顺利实施。8.5%的被调查者认为企业应该加大对引进人才与培养人才融合的有关宣传，以便让全体员工都能了解引进人才与培养人才融合的必要性，从而在行动上支持、配合企业相关工作的开展。

3.2.2 对引进人才与培养人才具体情况的统计分析

(1) 引进人才方面存在问题的主要原因。

目前，山东省重点用人单位在引进人才方面存在很多问题，为了了解产生这些问题的主要原因，笔者在调查问卷中设计了多项选择题“您认为贵单位在引进人才方面存在问题的主要原因有哪些”。数据统计分析结果如表 3-5所示。

表 3-5　引进人才方面存在问题的主要原因

主要原因	百分比/%
引进人才的渠道不够宽广	69.5
管理层对人才工作不重视	49.5
政策优惠幅度和范围不够	63.8
缺乏优秀的企业文化	25.3
人才公共服务不到位	35.2
市场与社会力量参与不足	23.6

由表 3-5 可知，大部分被调查者认为造成所在单位引进人才中存在问题的主要原因是引进人才的渠道不够宽广，选择这一题项的占比高达 69.5%；63.8%的被调查者认为引进人才中存在问题的主要原因是用人单位的政策优惠幅度和范围不够；49.5%的被调查者选择了管理层对人才工作不重视这个原因；35.2%的被调查者选择了人才公共服务不到位这个原因。因此，要改善山东省重点用人单位引进人才的现状，必须从这些原因入手加以解决。

根据上述统计结果可以看出，目前造成山东省重点用人单位引进人才的数量不足、质量不高的原因是多方面的。其中，大多数人才认为用人单位引进人才的渠道不够宽广，这与用人单位的现实情况是相符的。笔者在与山东省中小企业的管理层进行访谈的过程中了解到，企业的高层管理者普遍认为本企业的引进人才工作之所以特别困难，主要原因之一就是引进人才的渠道不够宽广。很多企业采取的还是相对陈旧的引进人才渠道，比如网上招聘、人才市场招聘等。这些招聘方式对企业招聘初级人才比较合适，但是对于那些高层次人才的引进就存在很大的局限性，而目前影响山东省中小企业发展的一大难题就是高层次优秀人才的缺乏。因此，山东省中小企业必须不断拓宽引进人才的渠道，要通过猎头公司、与国内外优秀的企业进行合作等挖掘高层次优秀人才，加强企业高层次优秀人才团队建设，建设一批专业覆盖面广、技术能力顶尖、合作能力强的优秀科研和技术团队，这样才能在日益严峻的市场竞争中立于不败之地。

调查结果还显示，有超过一半的被调查者认为造成企业引进人才中存在问题的主要原因是企业的政策优惠幅度和范围不够，这与山东省中小企业的现状也是相符的。目前，基于企业资金总量的限制、企业运营成本的考虑，以及担心引进人才的流失会给企业造成损失等方面的考虑，山东省很多中小企业制定的人才优惠措施并不能引起相关高层次人才的兴趣。山东省中小企业的人才优惠政策与江苏、浙江等省的人才优惠政策相比仍然存在很大的差距。在当前人才竞争日益激烈、人才就业的区域选择不断拓宽的情况下，很多优秀的人才会选择去经济发展水平高、提供的人才优惠政策更好的其他省份就业，这必然造成山东省中小企业优秀人才的短缺。因此，对于山东省中小企业管理层而言，必须清醒地认识到人才竞争的残酷性，在引进人才方面必须要舍得投入，要在借鉴其他省份人才优惠政策和人才优惠范围的基础上，制定出适合山东省中小企业特点的优惠幅度更大、优惠范围更广的引进人才措施，只有这样才能吸引优秀人才的加入。

(2) 在人才选用中对各种因素的重视程度。

笔者在调查问卷中设计了多项选择题“您认为贵单位在人才选用中所重视的因素有哪些”，可供选择的题项有“重视年龄”“重视学历”“重视创新能力”“重视沟通能力”“重视外语能力”“其他”。调查结果如图 3-9 所示。

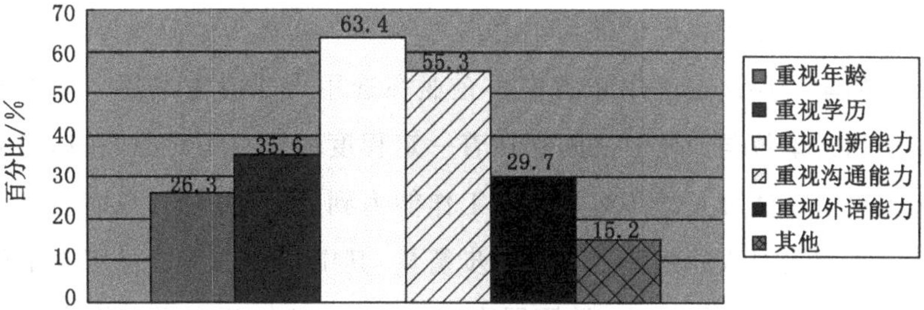

图 3-9　人才选用中对各因素的重视程度

由图 3-9 可知，26.3％的被调查者认为所在单位在人才选用中对年龄非常看重，35.6％的被调查者认为所在单位重视学历这个因素，认为重视创新能力的占比为 63.4％，55.3％的被调查者认为所在单位比较重视沟通能力这个因素，29.7％的被调查者认为所在单位重视外语能力，另有 15.2％的被调查者选择其他因素。

上述调查结果说明，目前山东省重点用人单位在人才选用中比较看重的前三大因素分别是人才的创新能力、人才的沟通能力和人才的学历层次。创新对一个企业的发展具有至关重要的作用，没有创新，企业就失去了竞争的根本和发展的源泉。因此，当前很多企业都把对人才创新能力的培养放在企业战略发展的高度予以重视，企业在引进人才时也把人才是否具有创新能力放在非常重要的方面加以考虑。企业在招聘人才时可以通过了解人才的主要科研成果，特别是科研成果对社会所做的贡献，以及聘请专家对人才的科研成果进行评估等来考察人才的创新能力，对于那些创新能力很强的人才要不惜重金、想方设法让他们加入企业。

人才的沟通能力是山东省中小企业在引进人才和人才选用时另一个重点考虑的因素。沟通能力包括表达能力、倾听能力、谈话交流能力等多个方面，沟通能力强的人才能够清晰地表达自己内心的想法，善于倾听别人的意见、采纳别人的建议，能够为企业的发展出谋划策，有利于团结上下级之间的关系。这样的人才不但具有扎实的专业技术知识，还拥有良好的综合素质，能为企业的发展起到良好的推动作用。

人才的学历层次也是山东省中小企业在选用人才时考虑的一个重要因素。由于用人单位与应聘者之间存在着一定程度的信息不对称，在招聘的过程中用人单位无法真正地了解人才的工作能力到底是怎样的，只能通过一些外在的可见因素对人才的能力进行初步衡量，其中学历层次就是用人单位重点要考察的因素。一般认为，学历层次越高，人才的知识水平和综合素质就越高，工作能力也相对较强。学历层次高的人才，由于在学校接受过系统的专业化训练，已经形成了本专业的全面的理论知识体系，这部分人才在工作后能够很快地将所学的专业知识运用到工作实践中，接受企业培训时其吸收消化知识的能力比那些学历层次较低的人才也要强很多,因此对于企业而言更愿意选用这样的人才。

(3) 培养人才方面存在的主要问题。

笔者在调查问卷中设计了多项选择题“您认为贵单位在培养人才方面存在哪些问题”,共有六个选项:“人才获得的培训机会太少”“对新引进的人才没有系统的培训计划”“难以为人才提供适当的锻炼平台”“人才的发展空间有限”“企业的绩效考核不完善”“企业的薪酬福利水平低”。数据统计分析结果如表 3-6 所示。

表 3-6　培养人才方面存在的主要问题

主要问题	百分比/%
人才获得的培训机会太少	69.5
对新引进的人才没有系统的培训计划	22.3
难以为人才提供适当的锻炼平台	55.8
人才的发展空间有限	60.2
企业的绩效考核不完善	43.5
企业的薪酬福利水平低	50.8

由表 3-6 可以看出,69.5%的被调查者认为所在企业为人才提供的培训机会太少。这说明,大多数人才对企业能否提供必要的培训机会非常看重,认为只有通过适当的培训才能使自己的知识技能水平得到不断提高。而目前很多中小企业为人才提供的培训机会太少,这严重影响了人才工作积极性的提高和综合素质的全面发展。通过不断地拓宽人才培训途径为人才提供更多的培训机会,是目前山东省中小企业亟待解决的问题。

60.2%的被调查者认为所在企业的发展空间有限。这说明,大多数人才对企业能否提供良好的发展空间非常看重,特别是那些 40 岁左右的人才,他们正处于职业的上升期,与工资水平、福利水平等物质激励的方式相比,他们更为看重的是能否在企业里获得职业发展的空间等精神激励。职业晋升等措施，能够使人才获得极大的内心满足感，可以充分激发他们的工作潜能，提高他们的工作积极性。因此，对于山东省中小企业的管理层而言，在对人才进行物质激励的同时，必须进行必要的精神激励，为人才的发展提供广阔的空间，让人才能够看到在企业发展的前景和希望。

55.8%的被调查者认为所在单位难以给自己提供适当的锻炼平台。这反映出当前山东省中小企业的管理层对人才还不够信任，对人才没有进行必要的授权，使得人才在工作过程中能力的发挥受到了较大的限制。这个问题在中小企业中普遍存在，特别是在那些家族式中小企业中，有不少被调查者反映其在工作过程中会受到排挤，企业根本不给自己提供适当的锻炼平台和发展平台。

认为薪酬福利水平低的被调查者占比为50.8%，这个调查结果印证了人才对企业提供的物质待遇非常看重。薪酬福利水平较低是造成当前山东省中小企业人才流失的一个主要原因。认为绩效考核不完善的被调查者占比为43.5%，这说明企业必须建立系统完善的绩效考评体系，对人才的工作绩效进行科学的考核和评价。企业只有建立系统完善的绩效考评体系，人才的工作绩效才能得到准确、真实地考评，管理层在此基础上才能有针对性地对人才采取相应的奖惩措施。

以上调查数据说明，当前山东省重点用人单位在培养人才方面还存在很多问题，迫切需要采取各种措施加以解决，以提高培养人才的质量。

(4) 影响人才发展的主要因素。

笔者在调查问卷中设计了多项选择题“您认为影响人才发展的主要因素是什么”，可供选择的题项包括“领导的重视程度”“政府的支持力度”“单位的人才激励机制”“培养人才经费”“社会保障体系”“其他”。数据统计分析结果如图 3-10 所示。

由图 3-10 可以看出，被调查者普遍认为影响人才发展的最主要的因素是领导的重视程度，所占比重高达 77.8%。这说明领导者这一因素在人才发展中的重要作用，如果领导(特别是高层领导)非常重视人才工作，那么他们必

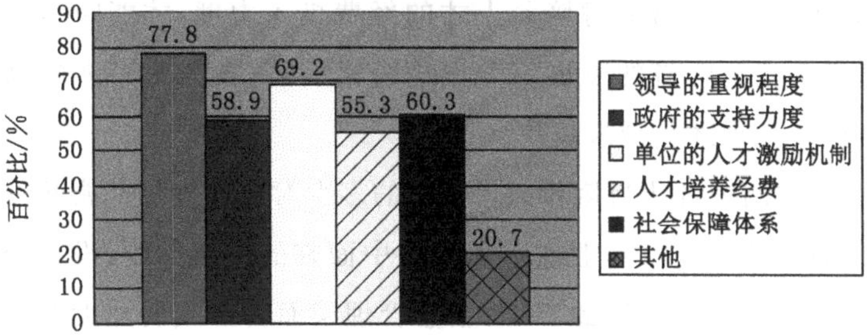

图 3-10　影响人才发展的主要因素

然会制定一系列鼓励人才发展的政策措施，也会加大对人才发展的经费投入力度，在这样的环境下，人才的发展速度必然会越来越快。相反，如果企业高层领导对人才工作不够重视，那么企业对人才发展所需的各方面的投入必然会不足，企业内部就无法形成尊重人才、重视人才发展的良好环境，人才的全面发展必然会受到严重阻碍。

有 69.2%的被调查者认为影响人才发展的主要因素是单位的人才激励机制。这说明，人才要发展离不开企业一系列的配套激励措施，比如完善的规章制度、较高的工资水平、系统完善的培训体系、科学合理的绩效考评体系等。企业只有具备了这样一套系统完善的人才激励机制，人才才能获得全面发展。

60.3%的被调查者选择了当地政府要提供良好的社会保障体系这一选项。当前人才在择业的过程中，除了要考虑用人单位提供的各项待遇外，对当地政府能否提供系统完善的社会保障体系也越来越看重。如果就业地具有良好的医疗保障制度、完善的社会保险制度和社会福利制度，必然会更加有利于吸引优秀人才的加入和人才的发展。这说明，要实现人才的全面发展需要用人单位和当地政府的相互配合，政府要为人才的培养提供良好的外部环境。

58.9%的被调查者认为政府的支持力度是影响人才发展的主要因素。在当前人才大战愈演愈烈的情况下，当地政府必须充分认识到经济竞争的根本在于人才的竞争。只有从思想上紧绷人才发展这根弦，不断加大对培养人才的政策支持力度，不断增加对培养人才的经费投入力度，才能吸引更多人才的加入，才能为当地经济的发展培养出综合素质高、技能水平强的高层次人才，当地的经济发展才会越来越快。

55.3％的被调查者认为培养人才经费的多少对人才发展非常重要。经费的短缺是目前山东省中小企业在培养人才中面临的主要问题，没有经费的支持人才的发展就是空谈。因此，对于企业管理层而言必须要加大对培养人才的经费支持力度，如果出现了企业内部经费不足的情况可以通过向银行贷款等方式来加以解决。

通过以上分析，我们可以看出影响人才发展的因素既有用人单位内部的因素，也有用人单位外部的因素。因此，要促进人才的发展，既需要用人单位从内部采取各种措施改革那些不合理的规章制度，制定和完善科学合理的人才发展的配套制度；也需要充分发挥政府在引进人才和培养人才中的作用，为人才的发展助力。只有内部环境与外部环境都相对完善，人才才能获得全面的发展。

(5) 比较有效的培养人才途径。

为了了解山东省中小企业培养人才的主要途径，笔者在调查问卷中设计了多项选择题“您认为比较有效的培养人才途径有哪些”，数据的统计分析结果如表3-7所示。

表 3-7　培养人才途径情况

培养人才的途径	百分比/％
政府或用人单位的科研项目资助	36.2
列入单位的培养人才对象	66.7
有机会接受继续教育	45.8
国内相关专业或业务的培训机会	78.5
单位支持的学历提升教育	74.3
其他	22.3

由表3-7可知，选择国内相关专业或业务的培训机会这一题项的被调查者所占比例最高，为78.5%。这既说明了当前山东省中小企业内人才期望获得培训机会的愿望比较强烈，也说明了企业为人才提供国内外相关专业或业务的培训机会比较少，难以满足人才的培训需求。因此，中小企业管理层必须制定系统完善的培训计划，根据人才的不同层次和不同需求定期组织他们到国内名牌高校学习进修、到国内知名企业参观考察，并邀请本专业领域的专家学者到企业定期开展讲座，为人才提供更多的和专家学者交流沟通的机会，提高人才的理论知识水平和实践能力。

选择希望获得单位支持的学历提升教育这一题项的被调查者所占比例为74.3%，这说明人才对进一步学习的强烈需求。在当前知识更新速度不断加快的情况下，人才越来越认识到如果不学习就会落后，就会被快速发展的社会所淘汰。因此，人才普遍希望所在单位能够给他们提供政策上的支持，以使他们获得进一步接受学历提升教育的机会。人才接受学历提升教育的时间可以根据企业的需求和发展实际，以及人才的需求和自身具体情况等方面来综合考虑，时间可长可短，既可以是一年以上的长期学历提升教育，也可以是几个月的短期学历提升教育。

选择希望被列入单位的培养人才对象这一选项的被调查者所占比例为66.7%。企业每年的培养人才经费是有限的，培养人才经费究竟如何使用，企业要综合考虑多种因素。一般而言，单位的培养经费会向被列入单位培养人才对象的人才倾斜，特别是那些高层次人才，如果被列入单位的培养人才对象，不仅在科研工作的开展方面会获得企业必要的经费支持和相应的实验室、实验设备等硬件支持，还能获得培训进修的机会，这对不断提高高层次人才的知识技能水平、激发高层次人才的工作积极性具有非常重要的作用。

另外，有45.8%的被调查者选择了有机会接受继续教育这一选项，36.2%的被调查者选择了希望获得政府或用人单位的科研项目资助这一选项，选择其他途径的被调查者所占比例为22.3%。这些调查结果说明，对于用人单位而言，必须要不断拓宽培养人才的途径，以满足人才的多样化需求、提高培养人才的质量。

（6）影响就业选择的主要因素。

为了了解人才在就业选择的过程中所考虑的主要因素有哪些，笔者在调查问卷中设计了题项“以下哪些因素会影响您的就业选择”，可供选择的题项有“地方人才政策”“单位工资待遇水平”“当地消费水平”“当地基础设施建设水平”“当地社会保障体系水平”“工作发展前景”。数据统计分析结果如图 3-11所示。

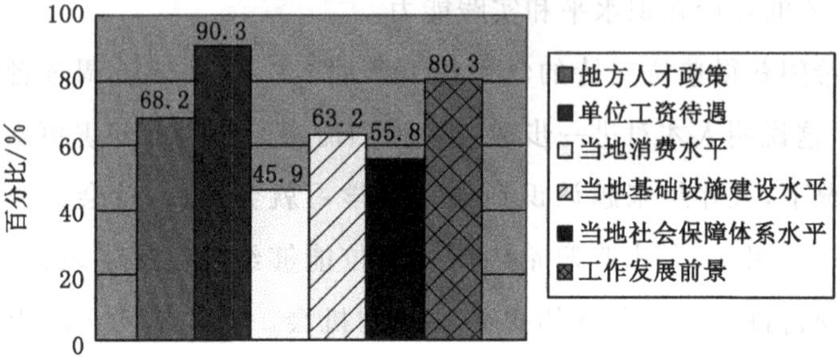

图 3-11　影响就业选择的主要因素

由图 3-11 可以看出，90.3%的被调查者认为单位所提供的工资待遇水平是影响其就业选择的主要因素，这说明人才对物质条件非常看重，在就业选择的过程中，他们首先考虑的是企业所提供的工资待遇水平是否能满足其内心的期望。因为人才在就业之前，对于企业文化、企业所能提供的一些精神激励措施等方面无法真正地了解，他们唯一能够直接感受到的就是企业所提供的工资待遇水平是否达到了自己的期望值。因此，对于用人单位而言，要想吸引人才和留住人才，特别是那些对企业发展具有重要作用的高层次人才，就必须想方设法提高他们的工资待遇水平。

80.3%的被调查者认为工作发展前景是影响其就业选择的主要因素，这说明大多数人才具有强烈的个人发展愿望，他们非常看重在单位能否获得良好的发展空间。因此，用人单位在为人才提供丰厚的工资待遇等物质条件的基础上，还必须要为人才提供良好的发展空间。如果用人单位忽视了对人才的精神激励、满足不了人才的精神需求，同样会面临人才的流失，从而影响用人单位的发展。

另外，68.2%的被调查者认为当地的人才政策是影响其就业选择的主要因素，63.2%的被调查者认为当地的基础设施水平是影响其就业选择的主要因素，55.8%的被调查者认为当地的社会保障体系水平对其就业选择产生重要影响等。这些调查数据说明，人才在选择就业时不仅会考虑用人单位提供的各种政策待遇，还会考虑就业地的政策是否到位，包括当地政府的人才政策是否具有吸引力、当地的基础设施水平能否满足其需求、当地的社会保障体系是否完善等，这些外在因素会在很大程度上影响人才的就业选择。

(7) 引进人才与培养人才融合方面存在的主要问题。

为了了解山东省重点用人单位在引进人才与培养人才融合方面存在的主要问题，笔者在调查问卷中设计了题项“在引进人才与培养人才融合方面，您认为贵单位存在哪些问题”。调查结果如表 3-8 所示。

表 3-8 引进人才与培养人才融合方面的主要问题

存在的主要问题	百分比/%
管理层将较多的精力放在引进人才方面	36.8
管理层将较多的精力放在培养人才方面	68.2
在选拔人才时，管理层只有在单位内部没有合适的人选时才考虑引进人才	50.8
在选拔人才时，管理层首先考虑的是从外部引进人才	33.2
单位缺乏引进人才与培养人才融合的有关制度	85.5
管理层对引进人才与培养人才融合的思路不清晰	59.3

由表 3-8 可以看出，85.5%的被调查者认为所在单位引进人才与培养人才融合中存在的主要问题是缺乏相关制度。由于规章制度的缺乏，企业在开展引进人才与培养人才融合的有关工作时缺乏依据，这是阻碍当前山东省中小企业引进人才与培养人才融合工作顺利开展的根本原因，也是企业管理层亟待解决的一大问题。企业管理层要深入国内优秀企业进行调研，要充分吸

取其他企业制定引进人才与培养人才融合有关制度的经验，在此基础上制定适合本企业人才发展的完善的制度措施，这样才能为引进人才与培养人才融合工作的顺利开展提供制度支撑。

68.2%的被调查者认为管理层将较多的精力放在培养人才方面。这说明，目前山东省中小企业的管理层在引进人才与培养人才工作中更加重视培养人才工作，引进人才与培养人才没有很好地融合。

59.3%的被调查者认为管理层对引进人才与培养人才融合的思路不清晰，导致引进人才与培养人才融合工作的开展缺乏计划性，在开展具体的工作时往往有始无终。

50.8%的被调查者认为，在选拔人才时，管理层只有在单位内部没有合适的人选时才考虑引进人才。这说明，在人才的选用方面，管理层的思路还不够开阔，来自企业外部优秀人才的短缺直接影响了引进人才与培养人才融合的效果。

另外，36.8%的被调查认为管理层将较多的精力放在引进人才方面，33.2%的被调查者认为在选拔人才时，管理层首先考虑的是从外部引进人才。

(8) 引进人才与培养人才有机融合应该采取的措施。

笔者在调查问卷中设计了题项“要使引进人才与培养人才有机融合，您认为企业应该采取哪些措施”，其主要目的是了解人才对于用人单位引进人才与培养人才融合工作开展的具体的想法，为企业管理层制定和完善引进人才与培养人才有机融合的政策提供参考。调查结果如表3-9所示。

表3-9　引进人才与培养人才有机融合应采取的措施

用人单位应该采取的措施	百分比/%
制定合理的引进人才与培养人才融合的相关制度	66.3
拓宽引进人才与培养人才融合的有关渠道	70.4
管理层将引进人才与培养人才放在同等地位予以重视	59.3
严格把好招聘关，选择优秀的人才，为培养人才奠定基础	76.2
引进人才与培养人才相互补充	80.8

由表 3-9 可知,80.8%的被调查者认为引进人才与培养人才应该相互补充。这说明,大多数被调查者都已经认识到引进人才与培养人才这两方面的工作缺一不可,必须相互补充,才能为单位储备充足的人才。

76.2%的被调查者认为用人单位在引进人才时必须严格把好招聘关,要选择德才兼备的优秀人才,为用人单位后续的培养人才工作奠定良好的基础。这说明,引进人才工作是培养人才工作的基础和前提,招聘合适的人才有利于培养人才工作的顺利开展。

70.4%的被调查认为用人单位需要拓宽引进人才与培养人才融合的有关渠道。这说明,当前山东省中小企业引进人才与培养人才融合的渠道还不够顺畅,企业管理层在开展引进人才与培养人才的有关工作时所掌握的信息不全面,严重阻碍了工作的顺利开展。

66.3%的被调查者认为用人单位需要制定合理的引进人才与培养人才融合的相关制度。只有制度完善了,引进人才与培养人才融合工作的顺利开展才会有依据。

59.3%的被调查者认为企业管理层应将引进人才与培养人才放在同等地位予以重视。这说明,当前一些用人单位管理层对引进人才与培养人才工作没有相互结合起来加以考虑。

以上调查数据从不同方面指出了要实现引进人才与培养人才的有机融合,用人单位需要采取的具体的措施。用人单位在今后开展引进人才与培养人才融合工作时必须要结合人才所提出的这些建议,单位管理层要从思想上认识到引进人才与培养人才融合工作的必要性,不断完善引进人才与培养人才融合的有关规章制度,进一步拓宽引进人才与培养人才融合的渠道,这样才能实现引进人才与培养人才的相互补充、相互协调,达到引进人才与培养人才工作相互融合、共同发展的目的。

3.3 调查数据的因子分析过程

因子分析法是一种常用的统计学分析方法,这种方法的分析过程是将调查问卷中复杂的多个因素或多个变量在尽可能不损失信息或者少损失信息的情况下，转变成几个必需的因子，通过这几个简化了的因子来反映统计数据中的有关信息。因子分析方法的作用体现在两个方面，一方面减少了变量个数，使统计工作简单化；另一方面能比较直观地再现调查数据中变量之间的内在联系。本书进行因子分析的具体过程如下。

3.3.1 检验是否适合因子分析

在进行因子分析之前必须要对调查数据进行抽样适合性(KMO)检验与巴特利特球体检验，以检验调查数据是否适合进行因子分析。本调查问卷的KMO检验与巴特利特球体检验的最终结果如表3-10所示。

表3-10 KMO检验与巴特利特球体检验

样本精确度的KMO检验		0.721
巴特利特球体检验	近似卡方	3 118.172
	自由度	719
	显著性概率	0.000

由表3-10可知，调查数据的KMO检验值为0.721，该数值大于0.6，表明对本调查数据具备进行因子分析的可行性；统计数据的显著性概率为0.000，该数值小于0.01，说明调查数据之间具有较强的相关性，对调查数据进行因子分析的可靠性是较高的。上述数据说明，调查问卷的数据通过了KMO检验与巴特利特球体检验，因子分析的结果是可靠的。

3.3.2 因子分析结果

对调查数据进行完KMO检验与巴特利特球体检验后，就可以开始进行因子分析。调查数据的因子分析有多种方法，本调查问卷采用的是主成分分析方法。主成分分析方法是对调查数据进行因子分析时最常用的一种方法，该方法是通过线性组合的方式将调查问卷中的所有变量加以合并，找出能够反映调查问卷主要内容的主要成分，再通过对这些主要成分进行分析，找出调查数据所反映出的主要问题。本书选用方差最大旋转方法进行主成分分析，按照特征值大于1的标准抽取因子，最终共抽取六个主因子，我们将这六个因子称为影响山东省重点用人单位引进人才与培养人才融合问题的六大维度。旋转后的因子荷载矩阵结果如表3-11所示。

表3-11　旋转后的因子荷载矩阵

变量	主因子					
	1	2	3	4	5	6
期望工作中获得领导的信任和授权	0.825	−0.001	0.101	−0.012	0.040	0.039
期望领导改变任人唯亲的做法，为人才发展提供更多的机会	0.791	0.012	0.028	−0.041	−0.018	0.068
工作中能够得到本部门领导、同事的有力配合	0.712	−0.016	0.014	0.028	0.129	0.076
工作中能够得到其他部门同事的有力配合	0.657	0.005	0.081	−0.068	−0.028	−0.143
期望领导制定系统完善的引进人才与培养人才融合的规章制度	0.641	−0.210	0.124	−0.021	0.063	0.189
企业要大力提高工资待遇水平	−0.212	0.867	0.202	0.131	−0.073	−0.087
企业要加大对人才的奖金激励	−0.145	0.812	0.183	0.064	−0.034	−0.076
企业要根据人才的绩效水平确定相应的工资水平	0.026	0.765	0.164	0.061	0.182	0.082
企业要为人才提供多样化的福利激励制度	−0.085	0.721	0.156	0.042	−0.045	−0.076
企业要为人才提供股票、期权等长期激励方式	−0.128	0.679	0.083	0.013	0.156	0.054
企业要建立民主、公平的内部环境	0.071	0.067	0.712	−0.013	0.267	−0.028
企业要建立系统完善的绩效考评制度，科学地考核人才的贡献	0.058	0.079	0.656	−0.213	0.090	0.102

表 3-11(续)

变量	主因子					
	1	2	3	4	5	6
企业要建立系统完善的薪酬制度	0.187	0.045	0.543	0.156	0.089	0.180
企业要营造良好的企业文化氛围，以吸引优秀人才的加入	0.189	0.062	0.521	0.112	0.085	0.053
企业内部要建立人才与上级领导沟通的有效渠道	0.052	0.067	0.467	0.043	0.231	0.191
企业要为人才提供更多的参加培训、进修等学习机会	−0.045	0.053	0.017	0.792	−0.087	0.067
企业要建立科学合理的内部晋升制度	−0.213	0.036	0.036	0.787	−0.043	−0.056
企业要将人才的发展与企业的长远发展结合起来	−0.034	0.021	0.167	0.762	0.156	0.291
企业要使有能力的人才及时得到提拔	0.045	0.161	−0.132	0.687	0.043	0.167
企业应改变那种论资排辈的现象，让有能力的人脱颖而出	−0.102	0.045	−0.087	0.567	0.078	−0.145
企业要让人才看到在企业发展的前景	0.043	0.076	−0.156	0.486	−0.256	0.062
企业要拓宽引进人才和培养人才的渠道	−0.102	0.034	0.098	0.067	0.826	−0.035
企业要加大对引进人才和培养人才的政策优惠幅度	−0.056	0.134	0.082	0.059	0.749	−0.334
管理层要提高对引进人才和培养人才融合的重视程度	0.075	0.156	0.078	−0.156	0.542	0.085
企业要加大对引进人才和培养人才方面的资金投入	−0.056	−0.101	0.065	0.079	0.478	0.029
当地政府要加大对引进人才的政策支持力度	−0.043	0.088	0.059	0.067	−0.043	0.824
当地政府要不断完善社会保障体系	0.062	−0.048	0.213	0.134	0.098	0.748
当地政府要提高基础设施建设水平	0.187	0.178	0.109	−0.056	0.069	0.657
当地政府要给予用人单位更多的资金支持	0.167	0.076	0.045	0.245	−0.291	0.596
当地政府要加大资助力度，使高层次人才获得更多的进一步深造的机会	0.245	0.045	−0.221	−0.067	−0.087	0.459

结合表3-11,对六个主因子具体分析如下。

主因子1包括五个题项,分别是:人才期望工作中获得领导的信任和授权;希望改变领导任人唯亲的做法,为人才发展提供更多的机会;工作中能够得到本部门领导、同事的有力配合;工作中能够得到其他部门同事的有力配合;领导制定系统完善的引进人才与培养人才融合的规章制度。通过分析,我们可以发现这五个题项主要是反映了领导及同事在用人单位引进人才与培养人才融合中的重要作用,因此我们可以将该因子命名为"领导及同事方面的影响"。

主因子2包括五个题项,分别是企业要大力提高本企业的工资待遇水平;企业要加大对人才的奖金激励;企业要根据人才的绩效水平确定相应的工资水平;企业要为人才提供多样化的福利激励制度;企业要为人才提供股票和期权等长期激励方式。通过分析,我们可以发现这五个题项主要是反映人才对用人单位所提供的工资水平、福利水平等外在性报酬方面所提出的一些要求,因此我们可以将该因子命名为"外在性报酬方面的影响"。

主因子3包括五个题项,分别是企业要建立民主、公平的内部环境;企业要建立系统完善的绩效考评制度,科学地考核人才的贡献;企业要建立系统完善的薪酬制度;企业要建立良好的企业文化氛围,以吸引优秀人才的加入;企业内部要建立人才与上级领导沟通的有效渠道。这五个题项主要是人才对企业内部的规章制度和环境方面所提出的一些具体的要求,因此我们可以将该因子命名为"企业规章制度与环境方面的影响"。

主因子4包括六个题项,分别是:企业要为人才提供更多的参加培训和进修等学习机会;企业要建立科学合理的内部晋升制度;企业要将人才的发展与企业的长远发展结合起来;企业要使有能力的人才及时得到提拔;企业应改变那种论资排辈的现象,让有能力的人脱颖而出;企业要让人才看到在企业发展的前景。通过分析,我们可以看出这六个题项主要是反映人才对其在用人单位的职业生涯发展方面的需求情况,因此将该因子命名为"职业生涯发展方面的影响"。

主因子 5 包括四个题项，分别是：企业要拓宽引进人才和培养人才的渠道；企业要加大对引进人才和培养人才的政策优惠幅度；管理层要提高对引进人才和培养人才融合的重视程度；企业要加大对引进人才和培养人才方面的资金投入。通过分析，我们可以看出这五个题项主要反映了人才对所在单位内部方面的需求情况，因此将该因子命名为“用人单位方面的内部影响”。

主因子 6 包括五个题项，分别是：当地政府要加大对引进人才的政策支持力度；政府要不断完善当地的社会保障体系；政府要提高当地的基础设施建设水平；政府要给予用人单位更多的资金支持；政府资助，以使高层次人才获得更多的进一步深造的机会。通过分析，我们可以看出这六个题项主要反映了人才对当地政府在引进人才与培养人才融合方面的具体要求，因此将该因子命名为“当地政府方面的外部影响”。

3.4 个体变量对引进人才与培养人才融合各维度的影响

本部分内容主要分析人才的一些个体变量，比如性别、年龄、学历、岗位、在本岗位的工作年限等对山东省重点用人单位引进人才与培养人才融合方面的具体影响。本部分内容运用的统计分析方法是方差分析法。在对数据进行方差分析的过程中，如果发现数据的相伴概率小于显著性水平 0.05 时，就说明该个体变量对统计研究的结果产生的影响是较为显著的；如果发现数据的相伴概率大于显著性水平 0.05 时，就说明该个体变量对统计研究的结果产生的影响是不显著的。统计分析中，对于那些相伴概率小于显著性水平 0.05的数据，也要对个体变量对其产生的具体影响进行分析。

3.4.1 性别对引进人才与培养人才融合六维度的影响

性别对引进人才与培养人才融合六维度影响的方差分析见表 3-12。

表 3-12 性别对引进人才与培养人才融合六维度影响的方差分析

各维度变量	方差来源	平方和	均方	F 值	相伴概率
领导及同事方面的影响	组间方差	0.677	0.413	1.342	0.258
	组内方差	78.231	0.312		
	总平方和	80.134			
外在性报酬方面的影响	组间方差	0.456	0.542	1.589	0.312
	组内方差	80.234	0.321		
	总平方和	79.819			
企业规章制度与环境方面的影响	组间方差	7.542	6.511	18.725	0.000
	组内方差	98.341	0.512		
	总平方和	97.813			
职业生涯发展方面的影响	组间方差	6.582	1.402	20.792	0.000
	组内方差	88.532	0.413		
	总平方和	80.541			
用人单位方面的内部影响	组间方差	22.890	201.821	3.120	0.283
	组内方差	97.6 5	0.339		
	总平方和	107.866			
当地政府方面的外部影响	组间方差	3.318	1.368	12.879	0.000
	组内方差	90.106	0.293		
	总平方和	91.328			

由表 3-12 可知，性别对领导及同事方面的影响的相伴概率为 0.258，对外在性报酬方面的影响的相伴概率为 0.312，对用人单位方面的内部影响的相伴概率为 0.283，这三个维度的相伴概率均高于 0.05，这说明性别对这三个维度没有显著影响。性别对企业规章制度与环境方面的影响的 F 值为 18.725、相伴概率为 0.000，对职业生涯发展方面的影响的 F 值为 20.792、相伴概率为 0.000，对当地政府方面的外部影响的 F 值为 12.879、相伴概率为 0.000，由于这三个维度的相伴概率都小于显著性水平 0.05，因此性别对这三个维度均有较为显著的影响。下面对性别对这三个方面所产生的显著影响进行具体分析，见表 3-13。

表 3-13　性别对企业规章制度与环境、职业生涯发展的影响及对当地政府方面的外部影响分析

性别	企业规章制度与环境	职业生涯发展	当地政府方面的外部影响
男	3.125 3	6.176 8	4.346 1
女	4.965 2	4.342 1	7.142 4

由表 3-13 可以看出，在企业规章制度与环境这一维度，女性的得分均值为 4.965 2，男性的得分均值为 3.125 3，女性的得分均值高于男性。这种情况说明，与男性相比，女性对用人单位是否具有良好的企业规章制度与环境更为看重。这与现实情况是相符合的，在与人才进行访谈的过程中我们发现，女性人才普遍希望在具有良好的规章制度与环境的用人单位内工作，这样她们才会具有安全感；而男性对这方面的需求要低于女性。

从职业生涯发展方面来看，男性的得分均值为 6.176 8，女性的得分均值为 4.342 1，男性的得分均值明显高于女性，这与现实情况也是相符的。由于男性和女性的社会分工不同，男性能够将更多的时间和精力投入到工作中，女性往往在工作之余需要把更多的时间用于照顾家庭和孩子。因此，男性对职业生涯发展的需求要明显高于女性，很多男性人才把能否在单位获得职业生涯发展的机会、能否及时获得职业上的晋升作为自己是否成功的重要标志。用人单位必须认识到人才在职业生涯发展方面的精神需求，要为他们创造更多的职业晋升的机会。

在当地政府方面的外部影响这个维度上，女性的得分均值为 7.142 4，男性的得分均值为 4.342 1，女性的得分均值明显高于男性。这说明，与男性相比，女性人才在就业和择业的过程中更容易受到当地政府政策方面的外部影响，如果当地具有良好的人才优惠政策、良好的社会经济条件和社会保障体系等，则更容易吸引女性人才加入当地的企业。男性人才在就业和择业的过程中受政府方面的外部影响要小很多，男性考虑更多的是是否有利于自己职业生涯的发展，能否获得职业的上升空间等。

3.4.2 年龄对引进人才与培养人才融合六维度的影响

年龄对引进人才与培养人才融合六维度影响的方差分析见表 3-14。

表 3-14 年龄对引进人才与培养人才融合六维度影响的方差分析

各维度变量	方差来源	平方和	均方	F 值	相伴概率
领导及同事方面的影响	组间方差	6.132	3.282	7.261	0.000
	组内方差	65.231	0.518		
	总平方和	71.347			
外在性报酬方面的影响	组间方差	5.325	2.341	4.231	0.002
	组内方差	80.563	0.561		
	总平方和	88.643			
企业规章制度与环境方面的影响	组间方差	6.089	2.436	3.824	0.068
	组内方差	112.239	0.580		
	总平方和	119.305			
职业生涯发展方面的影响	组间方差	7.034	2.683	6.078	0.003
	组内方差	80.652	0.382		
	总平方和	89.142			
用人单位方面的内部影响	组间方差	0.78	0.207	0.826	0.572
	组内方差	71.018	0.370		
	总平方和	76.432			
当地政府方面的外部影响	组间方差	19.587	5.432	11.903	0.543
	组内方差	108.168	0.598		
	总平方和	124.629			

由表 3-14 可以看出，年龄对企业规章制度与环境方面的影响的相伴概率为 0.068，对用人单位方面的内部影响方面的相伴概率为 0.572，对当地政府方面的外部影响的相伴概率为 0.543，这三个方面的相伴概率都高于显著性

水平 0.05，这说明年龄对这三个方面没有显著性影响。年龄对领导及同事方面的影响的相伴概率为 0.000，对外在性报酬方面的影响的相伴概率为0.002，对职业生涯发展方面的影响的相伴概率为 0.003，这三个方面的相伴概率均小于显著水平 0.05，这说明年龄对这三个方面的影响较为显著。下面对年龄对这三个方面所产生的显著影响进行具体分析，见表 3-15。

表 3-15　年龄对领导及同事、外在性报酬、职业生涯发展的影响分析

年龄	领导及同事方面的影响	外在性报酬方面的影响	职业生涯发展方面的影响
30 岁及以下	6.302 9	4.213 4	2.764 2
31～40 岁	5.103 4	6.285 0	5.563 2
41～50 岁	2.235 1	5.346 8	7.324 5
51 岁及以上	1.652 3	2.076 4	1.905 3

由表 3-15 可知，从对领导及同事方面的影响这个维度来看，30 岁及以下年龄段的得分均值最高，为 6.302 9；其次为 31～40 岁，得分均值为 5.103 4；得分均值较低的是 41～50 岁和 51 岁及以上年龄段，分别为 2.235 1 和 1.652 3。该统计结果与现实情况基本相符。30 岁及以下年龄段的人才基本处于初次就业阶段，他们大多年轻有为，积极主动，对工作尽职尽责，具有较强的团队合作意识。在工作的过程中，这些人才非常希望获得领导的认可，希望获得领导的支持和同事的帮助。因此，领导及同事方面的影响对他们工作积极性的发挥具有非常重要的作用。处于 31～40 岁这个年龄段的人才大多已经成长为企业的中流砥柱，有的除了从事具体的业务工作外还担任领导职务，他们在开展工作的过程中对领导及同事的支持和配合也尤为看重。而随着年龄的不断增长，人才已经有了相对稳定的人际关系网络，自己已经能够独当一面，工作趋于平稳，因此他们对领导及同事方面的需求会有所下降。

在对外在性报酬方面的影响中，处于 31～40 岁年龄段的人才的得分均值最高，为 6.285 0。这与现实情况是相符合的。在对这个年龄段的人才进行访谈时发现,他们普遍反映的一点就是希望企业能够提高对他们的物质待遇水平,这说明他们对企业提供的外在性报酬方面非常看重。其主要原因是,这个年龄段的人才大多数已经成家,他们的收入是家庭经济生活的主要来源,其收入水平的高低直接决定了家庭的整体生活层次和生活状态。在当前人们的消费水平不断提高、对孩子的教育开支不断增加的情况下,处于这个年龄段的人才对自己的收入必然会要求越来越高。而且,这个年龄段的人才正处于职业的上升期,他们大都具有较高的知识技能,综合素质较高,他们认为自己有底气要求企业提高对他们的物质待遇水平。处于 41～50 岁年龄段的人才在外在性报酬方面的得分均值为 5.346 8,得分均值也较高。这说明,对于这个年龄段的人才而言,外在性报酬的高低同样也是影响他们工作积极性的主要因素,其原因与 31～40 岁年龄段人才有相似之处。41～50 岁年龄段的人才除了要承担家庭的开支,在父母的养老问题上面临的压力也逐渐增大,随着其父母年龄的增加,生病住院的概率越来越大,需要的花费越来越高。因此,处于这个年龄段的人才对自己所获得的工资待遇等外在性报酬方面非常看重。30 岁及以下年龄段的人才在外在性报酬方面的得分均值为 4.213 4,该年龄段的人才大多刚刚就业,他们一方面希望自己在学校学习期间的成绩能够得到肯定,所付出的机会成本能够得到回报;另一方面由于其自身工作能力及工作经验等方面的限制,他们对外在性报酬方面的要求比 31～40 岁年龄段的人才明显降低。得分最低的是 51 岁及以上年龄段,均值为2.076 4。对于 51 岁及以上年龄段的人才而言,其在单位的工作岗位相对稳定,工资收入等也相对较高,因此他们对外在性报酬方面的需求最低。

从对职业生涯发展方面的影响这个维度来看,41～50 岁这个年龄段的得分均值最高,为 7.324 5。这主要是因为,处于这个年龄段的人才在其工作岗位上已经工作了不短的时间,有的人才已经成长为企业的中坚力量,随着对所在岗位的工作越来越熟悉,他们越来越希望能有更好的发展空间,希望其自身价值能够得到更好的体现。因此,他们对职业生涯发展有着很高的需求。当前一些用人单位之所以出现了大量优秀人才的流失,很重要的一个原因就是忽视了对这个年龄段人才的职业生涯规划，难以满足他们职业生涯发展的需求。31～40岁年龄段的得分均值为5.563 2，分值也较高。其主要原因是，处于这个年龄段的人才一方面已经具备了较高的工作技能水平，在工作岗位上也已经积累了一定的经验，驾驭工作的能力越来越强；另一方面，他们经常会与同年龄段的亲朋好友进行对比，如果别人在工作岗位上已经有了较大的发展，特别是已经具有了一定的领导职务，他们就会感到非常失落，必然会要求所在单位也能够给他们提供相应的职业生涯发展机会。30岁及以下年龄段的得分均值为2.764 2，分值较低。其主要原因是，这个年龄段的人才大多刚刚踏上工作岗位，还处于将学校所学的知识向工作实践转化的过程中，他们对职业生涯的发展规划还不够明确。51岁及以上年龄段的得分均值为1.905 3，分值最低。该年龄段的人才处于即将退休的年龄，他们大多已经到了职业生涯的顶峰，他们更加希望的是如何实现工作与退休生活的顺利过渡。

3.4.3 学历对引进人才与培养人才融合六维度的影响

学历对引进人才与培养人才融合六维度影响的方差分析见表3-16。

表3-16 学历对引进人才与培养人才融合六维度影响的方差分析

各维度变量	方差来源	平方和	均方	F值	相伴概率
领导及同事方面的影响	组间方差	4.011	0.875	2.509	0.071
	组内方差	72.453	0.312		
	总平方和	70.904	—		
外在性报酬方面的影响	组间方差	4.287	1.467	2.508	0.000
	组内方差	79.826	0.411		
	总平方和	81.094	—		
企业规章制度与环境方面的影响	组间方差	3.346	1.316	2.127	0.001
	组内方差	115.789	0.564		
	总平方和	118.094	—		

表 3-16(续)

各维度变量	方差来源	平方和	均方	F 值	相伴概率
职业生涯发展方面的影响	组间方差	5.496	1.581	2.796	0.001 5
	组内方差	107.547	0.609		
	总平方和	112.879	—		
用人单位方面的内部影响	组间方差	18.531	0.142	11.871	0.689
	组内方差	111.341	0.367		
	总平方和	119.908	—		
当地政府方面的外部影响	组间方差	3.542	0.678	6.489	0.703
	组内方差	78.034	0.381		
	总平方和	80.980	—		

由表 3-16 可知，学历对领导及同事方面的影响相伴概率为 0.071，对用人单位方面的内部影响的相伴概率为 0.689，对当地政府方面的外部影响的相伴概率为 0.703，这三个方面的相伴概率均高于显著性水平 0.05，这说明学历对这三个方面没有显著性影响。学历对外在性报酬方面的 F 值为2.508、相伴概率为 0.000，对企业规章制度与环境方面的 F 值为 2.127、相伴概率为0.001，对职业生涯发展方面的影响的 F 值为2.796、相伴概率为 0.001 5，这三个维度的相伴概率都低于显著性水平 0.05，说明学历层次对这三个维度具有较为显著的影响。下面对学历对这三个方面产生的显著影响进行具体分析，见表 3-17。

表 3-17　学历对外在性报酬、企业规章制度与环境、职业生涯发展的影响分析

学历层次	外在性报酬方面的影响	企业规章制度与环境方面的影响	职业生涯发展方面的影响
高中及以下	3.023 1	2.563 6	3.020 1
大专	3.201 2	3.675 1	3.563 1
本科	5.012 5	5.021 2	4.783 4
研究生及以上	6.183 2	6.572 9	5.246 5

通过表3-17可以看出,对外在性报酬方面的影响,处于研究生及以上这个学历层次的得分最高,均值为6.183 2。处于这个学历层次的人才,大多数毕业工作时年龄都接近30岁,他们上学期间家庭为之进行了大量的成本支出,因此,他们工作后对单位提供的外在性报酬方面非常看重,都希望获得较高的工资待遇水平以弥补上学期间的成本开支。同时,这个学历层次的人才掌握了较为系统的理论知识,在工作后对工作岗位一般都能较快地适应,工作能力也较强,他们认为企业给予的较高的工资待遇水平是对他们工作能力的肯定。因此,这个学历层次的人才对外在性报酬方面的影响尤为看重。处于本科学历层次的人才的得分均值也较高,为5.012 5。与研究生及以上学历人才的需求相比,本科层次的人才对外在性报酬方面的需求有所降低,他们觉得自己的学历层次比研究生学历要低,因此,对外在性报酬方面的需求略低。同时,这个学历层次的人才综合素质水平相对较高,他们希望获得较高的工资待遇水平,使工作能力获得充分的肯定。因此,这个学历层次的人才对外在性报酬方面的需求相对较高。大专学历层次的得分均值为3.201 2,高中及以下学历层次的得分均值为3.023 1。这说明,处于这两个学历层次的人才对企业外在性报酬方面的需求相对较低。以上调查数据与现实情况是相符合的。一般而言,人才的学历层次越高,其对于外在性报酬的需求就越高;人才的学历层次较低,其对于外在性报酬的需求也会相对较低。因此,对于用人单位而言,必须想方设法提高学历较高的人才的工资待遇水平,这样才能达到吸引人才、留住人才的目的。

从对企业规章制度与环境方面的影响来看,研究生及以上学历的得分均值为6.572 9,本科学历的得分均值为5.021 2,大专学历的得分均值为3.675 1,高中及以下学历的得分均值为2.563 6。这说明,人才的学历层次越高,其对企业规章制度与环境方面的要求就越高;人才的学历层次较低,其对企业规章制度与环境方面的要求也较低。这主要是由于具有较高学历层次的人才更希望在一个具有良好的规章制度与环境的单位工作。高学历层次的人才对精神层面的需求较高,如果企业的规章制度不完善或者企业的内部环境不好，即使企业给他们提供了较高的工资待遇水平，他们也很可能会产生跳槽的想法。高学历层次的人才在企业规章制度与环境方面的需求对企业的发展起到了良好的推动作用，很多用人单位为了吸引和留住高学历的优秀人才，不断地完善企业的规章制度、优化企业的工作环境。

从对职业生涯发展方面的影响来看，研究生及以上学历层次的得分最高，得分均值为 5.246 5。这主要是由于处于这个学历层次的人才不仅具有较高的工作技能水平，而且综合素质相对较高，人际关系的协调能力、处理复杂问题的能力、交流沟通的能力都较强，他们认为自己有能力在单位获得更好的发展。如果用人单位难以满足他们职业生涯发展方面的需求，他们就会觉得自己的发展前途渺茫，会因此对企业失去信心，减少工作热情，甚至有可能会离开企业重新寻找别的工作。处于本科学历层次的得分均值为 4.783 4，这说明这个学历层次的人才对职业生涯发展方面也存在较高的需求。大专学历层次的得分均值为 3.563 1，高中及以下学历层次的得分均值为 3.020 1，这说明学历层次越低的人才对职业生涯发展方面的要求越低。用人单位要注重人才的职业生涯规划设计，特别是对于学历层次较高的人才，要不断拓展其职业生涯的发展空间，随着人才工作技能的提高，要为其安排更合适的、能发挥其工作能力的岗位，使人才感受到在企业里是有发展前途的，这样才能不断激发人才的活力，提高人才的工作积极性。

3.4.4 岗位对引进人才与培养人才融合六维度的影响

岗位对引进人才与培养人才融合六维度影响的方差分析见表 3-18。

表 3-18 岗位对引进人才与培养人才融合六维度影响的方差分析

各维度变量	方差来源	平方和	均方	F 值	相伴概率
领导及同事方面的影响	组间方差	5.408	2.704	7.286	0.001
	组内方差	68.156	0.789		
	总平方和	70.609	—		

表 3-18(续)

各维度变量	方差来源	平方和	均方	F 值	相伴概率
外在性报酬方面的影响	组间方差	6.243	10.169	8.146	0.000
	组内方差	76.515	0.587		
	总平方和	86.053	—		
企业规章制度与环境方面的影响	组间方差	7.154	5.208	4.175	0.086
	组内方差	109.356	0.769		
	总平方和	121.343	—		
职业生涯发展方面的影响	组间方差	7.324	2.098	6.309	0.126
	组内方差	76.321	0.768		
	总平方和	89.309	—		
用人单位方面的内部影响	组间方差	3.789	0.329	0.908	0.001
	组内方差	76.325	0.245		
	总平方和	73.872	—		
当地政府方面的外部影响	组间方差	23.561	19.361	15.231	0.000
	组内方差	65.341	0.546		
	总平方和	89.604	—		

由表 3-18 可知，领导及同事方面的影响的相伴概率为 0.001，外在性报酬方面的影响的相伴概率为 0.000，用人单位方面的内部影响的相伴概率为 0.001，当地政府方面的外部影响的相伴概率为0.000，这四个方面的相伴概率都低于显著性水平 0.05，因此可以认为工作岗位对这四个方面具有非常显著的影响。企业规章制度与环境方面的影响的相伴概率为 0.086，职业生涯发展方面的影响的相伴概率为 0.126，这两个方面的相伴概率都高于显著性水平 0.05，这说明工作岗位对这两个方面的影响是不显著的。下面对岗位对领导及同事方面的影响、外在性报酬方面的影响、用人单位方面的内部影响、当地政府方面的外部影响这四个方面所产生的显著影响进行具体分析，见表 3-19。

表 3-19 岗位对领导及同事的影响、外在性报酬的影响、用人单位方面的内部影响、当地政府方面的外部影响分析

岗位	领导及同事方面的影响	外在性报酬方面的影响	用人单位方面的内部影响	当地政府方面的外部影响
一般管理岗位	5.879 1	6.234 1	5.456 1	3.437 1
中层管理岗位	6.408 1	5.651 2	4.651 2	4.897 1
高层管理岗位	4.011 2	3.013 4	3.789 1	5.541 2

由表 3-19 可知，在对领导及同事方面的影响这个维度中，中层管理岗位的得分最高，均值为 6.408 1，这主要是由中层管理岗位的人才在工作中的地位所决定的。中层管理人员是联系基层管理人员和高层管理人员的桥梁和纽带，在开展工作的过程中，他们需要经常和领导、同事进行沟通，如果与领导和同事的关系不协调，其工作必然要受到严重阻碍。因此，中层管理人员对领导及同事方面的需求较高。一般管理岗位的得分均值为5.879 1，这说明，一般管理人员对领导及同事方面的影响也较高，主要原因是处于一般管理岗位的人才在工作的过程中经常需要请示领导，也经常会需要部门内同事的协调和帮助。得分最低的是高层管理岗位，得分均值为4.011 2。这主要是由于处于高层管理岗位的人才需要将更多的时间投入到制定组织的发展战略与发展规划方面，他们不需要从事一些非常具体的工作。

从对外在性报酬方面的影响来看，得分均值最高的是一般管理岗位，为6.234 1。处于一般管理岗位的人才所从事的工作强度较大，他们既需要协调本部门员工的具体的工作，还需要协助中层管理人员完成本部门的行政上的工作，无论是在时间上还是在精力上他们都付出很多。因此，他们必然会要求企业给予较高的薪酬福利待遇。中层管理岗位的得分均值为5.651 2，这个数值也较高，这说明中层管理人员对企业所提供的外在性报酬方面的需求也较强。这还是由中层管理岗位的特殊地位所决定的。中层管理人员的工作强度较大，他们除了在专业技术领域工作比较突出外，一般都具有较强的组

织、协调、沟通能力,他们必然需要企业为其提供较高的薪酬待遇以更好地体现其价值。在外在性报酬的影响这一方面,得分最低的是高层管理岗位,得分均值为3.013 4。高层管理人员在企业里所享受的各项待遇水平已经很高,他们更为关注的是精神层面的需求。

从对用人单位方面的内部影响来看,一般管理岗位的得分均值最高,为5.456 1。这说明,一般管理岗位上的人才在工作的过程中非常容易受到企业内部的规章制度、人才优惠政策、企业对人才发展的资金投入力度等方面的影响。中层管理岗位在对用人单位方面的内部影响的得分均值为4.651 2,高层管理岗位在对用人单位方面的内部影响的得分均值为 3.789 1,这说明随着工作岗位的不断变换,人才所处的工作岗位层次越高,他们对用人单位的内部政策越适应。

从对当地政府方面的外部影响来看,得分最高的是高层管理岗位,得分均值为 5.541 2。高层管理岗位的人才由于具有较强的管理能力和较高的工作技能水平,他们的就业选择面非常广,高层管理人员在择业的过程中除了考虑用人单位所能提供的引进人才优惠措施外,还要考虑当地政府所制定的外部优惠措施,比如政府对引进人才的政策支持力度、当地的社会保障体系、当地的基础设施建设水平等。因此,高层管理岗位的人才对政府方面的外部影响的需求最高。中层管理岗位的人才的得分均值为 4.897 1。这说明,中层管理人员在就业和择业的过程中也会将当地政府所能提供的人才政策优惠措施作为很重要的考虑因素。得分均值最低的是一般管理岗位,为 3.437 1,这是由于目前各地政府所提供的优惠措施主要是针对高层次优秀人才制定的,一般管理岗位的人才由于在工作技能和科技创新能力等方面不是很突出,他们在就业的过程中主要是把用人单位所能给予的待遇放在首要方面进行考虑,而对政府所提供的外部优惠措施不是很关注。

3.4.5 在本岗位的工作年限对引进人才与培养人才融合六维度的影响

在本岗位的工作年限对引进人才与培养人才融合六维度影响的方差分

析见表 3-20。

表 3-20 在本岗位的工作年限对引进人才与培养人才融合六维度影响的方差分析

各维度变量	方差来源	平方和	均方	F 值	相伴概率
领导及同事方面的影响	组间方差	5.325	2.146	5.896	0.001
	组内方差	68.352	0.302		
	总平方和	73.509	—		
外在性报酬方面的影响	组间方差	4.561	0.769	3.162	0.000
	组内方差	80.221	0.456		
	总平方和	79.481	—		
企业规章制度与环境方面的影响	组间方差	18.044	3.563	6.712	0.008
	组内方差	154.509	0.462		
	总平方和	138.326	—		
职业生涯发展方面的影响	组间方差	3.445	0.768	4.365	0.000
	组内方差	88.091	0.679		
	总平方和	89.490	—		
用人单位方面的内部影响	组间方差	19.251	5.924	18.231	0.097
	组内方差	121.679	0.571		
	总平方和	138.907	—		
当地政府方面的外部影响	组间方差	0.609	0.197	0.609	0.588
	组内方差	82.341	0.351		
	总平方和	80.795	—		

由表 3-20 可知，在本岗位的工作年限对领导及同事方面的影响的相伴概率为0.001，对外在性报酬方面的影响的相伴概率为 0.000，对职业生涯发展方面的影响的相伴概率为 0.000，这三个方面的相伴概率都低于显著性水平 0.05，这说明在本岗位的工作年限对这三个方面的影响是非常显著的。在本岗位的工作年限对企业规章制度与环境方面的影响的相伴概率为 0.008，对用人单位方面的内部影响的相伴概率为0.097，对当地政府方面的外部影响的

相伴概率为 0.588,这三个方面的相伴概率都高于显著性水平 0.05,这说明在本岗位的工作年限对这三个方面的影响是不显著的。下面对在本岗位的工作年限对领导及同事方面的影响、对外在性报酬方面的影响、对职业生涯发展方面的影响进行具体分析,见表 3-21。

表 3-21 在本岗位的工作年限对领导及同事、外在性报酬、职业生涯发展的影响分析

在本岗位的工作年限	领导及同事方面的影响	外在性报酬方面的影响	职业生涯发展方面的影响
3 年及以下	3.212 0	3.082 1	2.525 4
3～5 年	5.163 0	5.521 1	3.076 1
6～10 年	6.021 3	6.115 0	6.683 3
10 年以上	2.089 0	4.567 1	5.541 3

由表 3-21 可以看出,从对领导及同事方面的影响来看,得分均值最高的为工作年限 6～10 年,得分均值为 6.021 3。处于 6～10 年工作年限的人才对工作环境比较熟悉,有的已经处于比较重要的工作岗位,甚至处于领导岗位,随着工作职责的扩大化,他们在工作中需要协调部门内部、本部门与其他部门之间的各种关系。因此,他们在工作中非常希望能够得到领导的支持和同事的配合。在本岗位的工作年限为 3～5 年的得分均值为 5.163 0,这说明处于这个工作年限的人才对领导及同事的影响也比较看重。处于这个工作年限的人才,从刚毕业参加工作到对工作越来越熟悉,他们越来越认识到自己在单位要顺利地开展工作离不开领导和同事的支持、配合,比如科研型人才,如果要顺利地进行科研项目的研究、要在技术领域取得突破性成果,就需要组建自己的科研团队,如果没有领导的支持、没有足够的经费投入显然是不行的。科研团队组建后,还必须要协调好科研团队成员之间的关系,使团队成员共同努力,凝聚大家的智慧,这样才能取得优秀的科研成果。处于 3 年及以下工作年限的得分均值较低,为 3.212 0,这主要是因为这个工作年限的人

才处于刚刚就业阶段，他们需要一段时间来熟悉本工作岗位，需要通过培训来提高自己的工作技能。处于10年以上工作年限的得分均值也较低，为2.089 0。这个阶段的人才已经在工作岗位上工作了较长时间，他们与领导及同事的关系已经经历了由不熟悉到磨合再到熟悉的过程，已经建立了相对稳定的良好的关系。因此，他们对领导及同事的关系的需求相对于工作年限较短的人才明显降低。

从对外在性报酬方面的影响来看，得分均值最高的是工作年限6～10年，得分均值为6.115 0。这说明处于这个工作年限的人才对用人单位提供的工资待遇水平等外在性报酬最为看重。工作6～10年的人才对自己的工作已经能够轻松驾驭，随着工作的开展以及参加各种培训活动，其工作技能到了很大的提高，他们希望用人单位能够提高外在性报酬。同时，处于这个工作年限的人才年龄在40岁左右，他们承担着养家糊口的重任，因此也需要单位提供较高的物质待遇以满足其经济方面的需求。工作3～5年的人才得分均值也较高，为5.521 1，这说明处于这个工作年限的人才对企业外在性报酬方面的需求也相对较高。处于3～5年工作年限的人才随着对本岗位工作的不断熟悉，他们会将本单位所提供的工资待遇水平等与其他企业所能提供的待遇水平相对比，如果发现自己获得的待遇低于其他企业相同或类似岗位所提供的待遇，他们的工作积极性必然会受到一定程度的影响，而且这个年龄段的人才大多比较年轻，他们有重新选择职业的资本，有的人才有可能会因此而选择离开企业。10年以上工作年限的得分均值为4.567 1，3年及以下工作年限的得分均值为3.082 1，这说明处于这两个工作年限阶段的人才对企业提供的外在性报酬方面的需求相对较低。处于3年及以下工作年限的人才刚刚就业，他们当初选择所在单位时对单位所提供的工资待遇水平等基本能够接受，因此，他们在短期内不会因为对企业所提供的外在性报酬不满意而选择到其他企业就业。对处于10年以上工作年限的人才而言，他们工作了较长时间，薪酬待遇在企业里已经处于较高水平，因此，他们对外在性报酬方面的需求相对较低。

从对职业生涯发展方面的影响来看，处于6～10年工作年限的人才得分均值最高，为6.683 3，这说明处于这个工作年限的人才对职业生涯发展的需求最强烈。工作6～10年的人才处于事业发展的高峰期，他们在现有的工作岗位上已经积累了较为丰富的工作经验，他们普遍认为自己完全有能力胜任更好的工作，因此，他们对自己职业生涯发展方面的需求较高。在本岗位工作10年以上的人才的得分均值为5.541 3，这说明处于这个工作年限的人才也希望能够获得职业的晋升和发展，这与现实情况是相符合的。笔者在与工作10年以上的人才进行访谈时发现，这部分人才普遍对自己目前所处的工作岗位不是很满意，他们认为以自己目前的工作技能和综合素质完全可以在单位获得更好的发展，但是由于所在单位的岗位有限等客观原因以及领导的偏好等主观原因，他们的发展受到了严重的阻碍，这对他们工作积极性的发挥产生了不良的影响。处于3～5年工作年限的人才在对职业生涯发展方面的得分均值为3.076 1，处于3年以下工作年限的人才得分均值为2.525 4，处于这两个工作年限的人才得分相对较低。这两个阶段的人才就业时间不长，他们更为关注的是如何从自身出发，不断提高自己的工作技能水平以适应工作岗位，因此，他们对职业生涯发展方面的需求较低。通过对以上数据进行分析可以看出，随着人才工作年限的不断增加，人才对职业生涯发展方面的需求处于不断上升的状态，而到达一定工作年限后对这方面的需求又会有所降低。

4 山东省重点用人单位引进人才与培养人才融合发展中存在的主要问题及原因分析

4.1 引进人才与培养人才融合发展中存在的主要问题

在对山东省重点用人单位进行实地调研的基础上，笔者发现山东省重点用人单位在引进人才与培养人才融合中主要存在以下问题：缺乏系统完善的引进人才与培养人才体系，缺乏引进人才与培养人才的长效机制，引进人才与培养人才措施缺乏针对性，缺乏引进人才与培养人才的配套措施，培养人才中薪酬激励不到位，对人才的精神激励不到位，重视短期激励方式、忽视中期激励和长期激励方式，对人才的有效授权不到位，晋升制度不健全等。下面对存在的问题进行具体分析。

4.1.1 缺乏系统完善的引进人才与培养人才体系

笔者在对山东省中小企业人力资源管理部门的有关负责人以及一些员工的访谈过程中发现，当前山东省很多中小企业缺乏系统完善的引进人才与培养人才体系；在后续对调查问卷进行分析的过程中也发现，很多人才工作积极性不高的重要原因之一就是企业缺乏一套系统完善的引进人才与培养人才体系。

从引进人才方面来看，很多企业往往是在人才流失后造成企业的人才缺乏时才开始想方设法引进人才，企业没有系统完善的引进人才计划，对不同层次、不同岗位的人才没有合理的人才招聘计划，这会导致企业在人才短缺时因为时间紧张而招聘不到合适的人才或者招聘到的人才层次不高，必然会对企业的正常发展产生极为不利的影响。

从培养人才方面来看，当前山东省很多中小企业缺乏系统完善的培养人才体系，很多企业往往是在人才由于自身技能的缺乏无法顺利完成工作时才想到要对人才进行培训，这种“救火”式培训的效果可想而知。很多中小企业管理层在如何对人才进行系统完善的培养这个问题上没有自己的思路，要么照搬其他企业的习惯做法，要么基于某种需要临时对人才开展培训，这必然会影响培养人才的效果。

笔者在调研中还发现，一些中小企业的管理层在培养人才计划方面仅仅做出某些口头承诺，特别是对于那些新招聘的人才，管理层往往在招聘时给予口头承诺，但企业根本没有系统完善的培养人才制度。企业在人才的选拔、培训、薪酬、绩效考核等方面缺乏系统完善的制度规定，必然会导致企业在开展工作时“无法可依”，对人才的培养工作必然无法顺利进行下去。这些问题的存在表明，当前山东省重点用人单位对引进人才与培养人才工作还没有引起足够的重视，企业缺乏系统完善的引进人才与培养人才体系。因此，对于管理层而言，迫切需要采取多种措施创新用人单位的引进人才与培养人才体系，只有做好这项工作，企业才能为人才的发展提供良好的内部环境，才能最大程度地提高人才的工作积极性，达到培养人才和人才发展的最佳效果。

4.1.2 缺乏引进人才与培养人才的长效机制

笔者在进行访谈和问卷调查的过程中发现，当前山东省很多重点用人单位缺乏引进人才与培养人才的长效机制，用人单位在引进人才与培养人才的措施选择时过于关注短期效果。

从引进人才方面来看，用人单位在制定某种引进人才方面的优惠措施后,如果发现这些措施在运用的过程中难以招聘到企业所期望的人才,企业管理层就会马上怀疑是不是引进人才措施存在问题。一些管理者甚至会因为一次招聘不到需要的人才就否定之前的引进人才措施,开始重新制定其他措施。这样就会出现虽然企业的人才招聘措施经常变化,却招聘不到合适人才的问题。事实上,造成人才招聘难的一个重要原因是用人单位缺乏引进人才方面的长效机制。

从培养人才方面来看,很多用人单位的管理层目光较为短浅,他们关注的只是培养人才的短期效果。比如在对人才进行某种培训后,管理层就非常希望培训的效果能立马显现出来,如果培训后员工的技能短期内没有得到很大的提升,管理层就会怀疑甚至放弃这种培训方式。长此以往,企业必然难以建立培养人才方面的长效机制,培养人才工作的顺利开展也必然会受到严重影响。

通过以上分析我们可以看出,当前影响山东省重点用人单位引进人才与培养人才效果的一个重要原因就是,很多管理层没有认识到引进人才与培养人才是一个动态的过程,任何一种措施的成效发挥都不是一蹴而就的,都需要经过长期实践的检验。从人才本身来看,他们对用人单位制定的培养人才措施会有一个从不适应到不断适应、到最终认可的过程,这个过程既是人才的工作技能不断提高的过程,也是人才的工作积极性不断提高的过程。因此,不管是在引进人才方面还是在培养人才措施的选择方面,用人单位管理层都必须要转变观念,要用开放的思想和长远的眼光来看待引进人才和培养人才措施的长期效果。用人单位只有建立了引进人才与培养人才的长效机制,才能达到引进人才与培养人才的最佳效果,才会为引进人才与培养人才的融合奠定良好的基础。

4.1.3 引进人才与培养人才措施缺乏针对性

笔者通过调研发现,目前山东省很多重点用人单位引进人才和培养人才的效果之所以不理想,其中一个重要的原因就是引进人才与培养人才的措施缺乏针对性。

从引进人才方面来看，很多用人单位的引进人才措施过于笼统，比如对于高层次人才的标准界定不明确，对于高层次人才的引进措施没有与其他层次的引进人才措施进行区分。引进人才措施方面缺乏针对性必然会造成引进人才措施过于大众化，企业对高层次优秀人才的吸引力度不够，难以招聘到高层次优秀人才。因此，对于用人单位管理层而言，要想招聘到高层次的优秀人才和优秀团队，必须要认真研究制定企业的引进人才政策，对于不同层次的人才、不同岗位的人才制定不同的引进人才政策。

从培养人才方面来看，目前很多用人单位制定的培养人才措施缺乏针对性，不能根据人才的层次不同制定不同的培养人才措施，也很少结合人才的个体特征，如年龄、性别、学历层次、工作年限等制定不同的培养人才措施。用人单位为了降低培养人才的成本，往往将培训项目进行合并，这必然会出现培训由于缺乏针对性而导致效果不佳的问题。

不同层次、不同个体特征的人才其培训需求是完全不同的。对于处于基层工作岗位的人才而言，他们更希望通过自己的工作获得较高的薪酬待遇等外再性报酬；由于自身工作技能的缺乏，他们希望用人单位能够为其提供更多的培训进修的机会。对于处于管理岗位的人才而言，他们更希望得到更多的职业发展空间，能够获得高层次的培训机会。相对于物质激励，处于管理岗位的人才对能否获得上级领导的信任和支持、能否获得有效授权等精神激励方面更为看重。同时，人才的个人发展需求会随着年龄的增长、工作年限的增加、工作岗位的变换而不断发生变化，不同性别、不同学历层次的人才对个人发展的规划也存在一定的差异。用人单位要想取得良好的引进人才和培养人才效果，必须注重对人才的差异化研究，在制定引进人才和培养人才的具体措施之前，要对不同层次、不同岗位、不同年龄的人才进行充分的调研，在了解了人才个体差异化需求的基础上制定有针对性的引进人才和培养人才措施，才能达到培养人才的最佳效果。

4.1.4 缺乏引进人才与培养人才的配套措施

不管是引进人才工作还是培养人才工作，都不是孤立的，都与用人单位的其他工作有着千丝万缕的联系。因此，用人单位要想达到引进人才与培养人才的最佳效果，使引进人才与培养人才工作能够融合起来，就必须注重引进人才与培养人才的配套措施建设。而笔者在调研过程中发现，引进人才与培养人才配套措施的缺乏正是当前山东省很多重点用人单位的一块短板。

从引进人才方面来看，很多用人单位虽然加大了引进人才的政策优惠力度，却仍然难以招聘到优秀的人才，笔者认为其中的一个重要原因就是企业引进人才方面的配套措施建设不到位。人才（特别是高层次人才）在择业的过程中除了考虑用人单位所提供的引进人才措施是否到位外，还会考虑企业的其他一些配套措施建设是否到位，比如企业的文化建设、制度建设等。只有这些配套措施与引进人才措施相互配合，并且达到了人才的期望、满足了人才的需求，人才才会选择到这个单位就业。

从培养人才方面来看，人才的培养工作能否取得良好的效果与用人单位方方面面的工作是否到位，特别是培养人才的配套措施是否到位密切相关。以对人才的培训工作为例，人才培训工作能否取得预期效果与企业配套措施是否健全有很大关系，比如首先与企业的人才选拔机制是否健全有很大关系，只有企业的人才选拔机制是健全的，才能确保最需要的人才、最合适的人才获得培训的机会，才能为培训工作的开展奠定良好的基础；其次，与企业的培训评价机制是否完善有很大的关系，只有具备了系统完善的培训评价机制，培训的效果才能得到客观准确的评价；最后，与企业的绩效考核机制是否健全有很大关系，只有具备了健全的绩效考核机制，使人才在培训后的待遇水平得到相应提升，才能提高人才参与培训的积极性，为以后培训工作的顺利开展奠定良好的基础。

通过以上分析，我们可以发现，引进人才与培养人才的配套措施具有非常重要的作用，用人单位在注重引进人才和培养人才措施制定的同时，必须下大力气制定和完善相应的配套措施，这样才能达到引进人才和培养人才的最佳效果。

4.1.5 培养人才中薪酬激励不到位

笔者在调研中发现，用人单位出现引进人才与培养人才难以有效融合的重要原因是，用人单位对人才的薪酬激励不到位，缺乏科学合理的薪酬激励体系。在与人才进行访谈的过程中笔者发现，不管是处于什么层次、什么工作岗位的人才，他们都对企业提供的薪酬水平尤为关注。而目前一些用人单位在工资的制定、调整及奖金、福利的发放等方面仍然存在很多问题，难以满足人才在物质方面的强烈需求，甚至还有少数中小企业在制定薪酬制度时完全由企业家“拍脑袋”决定，薪酬制度朝令夕改，严重影响了人才工作积极性的提高。

在当前激烈的市场竞争环境中，企业生存、发展的压力越来越大，企业需要不断地拓宽市场、研发新的产品、加大对产品的宣传力度才能在竞争中立足，而这些都需要企业投入大量的资金，因此，很多企业面临的一大难题就是资金的短缺。在企业自有资金有限、从外部融资又比较困难的情况下，企业不得不削减开支，降低各项生产和经营成本。在这种情况下，一些用人单位制定的薪酬水平较低，必然难以满足人才的需求。有的企业虽然薪酬水平处于整个行业的中等以上水平，但是薪酬的增长幅度极为缓慢。笔者在调研中发现，一些企业制定了薪酬制度后，在很长时间内都不进行调整，甚至几年时间里都不提高人才的薪酬待遇。在企业经营困难时期，有的企业想方设法降低员工的各项待遇，甚至拖欠员工工资，一些员工基本的生活需求难以得到满足，无法安心于本职工作，为了维持生计不得不选择跳槽，给企业的正常经营造成严重困难。

从人才自身的角度看，人才在工作几年后其工作技能水平会得到很大提升，他们对企业提供的物质待遇需求会随着其自身技能的提高而不断提高，人才会将自己的收入与同行进行对比，如果企业不及时调整薪酬制度，不能随着人才工作技能的提高、综合素质的提高而提高人才的薪酬水平，人才对工作的满意度就会越来越低。目前，很多用人单位发生人才流失的一个主要原因就是人才对用人单位提供的薪酬待遇不满意。因此，用人单位要想吸引人才、留住人才，必须不断完善企业的薪酬激励制度，要认识到人才是企业发展的根本，企业在经营发展的过程中即使遇到了再大的困难，也不能在人才的投入方面节约开支，只有满足了人才的物质生活需求，才能凝聚人心，才能使人才充分发挥自己的才智，企业才会有良好的发展前景。

4.1.6 对人才的精神激励不到位

根据马斯洛的需求层次理论，人的需求从低到高分为五个层次，分别是：生理需求、安全需求、社交需求、尊重需求和自我实现需求。人在基本的生理和安全需求得到满足的情况下，对精神需求的要求会越来越高。人只有在物质需求和精神需求都得到满足的情况下，工作积极性才会得到最大程度的发挥。在对山东省重点用人单位进行实地调研的过程中我们发现，当前很多用人单位对人才的精神激励很不到位，一些用人单位的管理层在激励人才的过程中仍然存在“物质至上”的观念，所制定的人才激励措施仅仅是提高员工的工资水平、逢年过节多发些奖金等。一些企业管理层认为只要不断提高对人才的物质待遇水平、满足人才的物质需求，就能在最大程度上提高人才的工作积极性，就能吸引人才、留住人才。由于这种观念的存在，一旦出现人才的工作积极性不高的情况，管理层就想当然地认为人才对单位所提供的工资和福利不满意。在这种错误观念的指导下，人才工作积极性的发挥受到极为严重的影响。

企业管理层要认识到，很多员工的需求已经不仅仅停留在物质层面，他们更渴望激励的多样性。特别是对于高层次人才而言，他们大多具有较高的学历水平、较高的理论知识水平和较多的实践经验，与一般员工相比，高层次人才对精神方面的需求尤为强烈，他们希望在企业能够获得良好的职业发展空间、期望能够获得领导的授权、期望在拥有良好文化氛围的企业工作。随着人才工作年限的增加、工作技能水平的提高，这些精神层面的需求呈现出不断增强的趋势。如果管理层缺乏对人才的人文关怀、忽视人才的精神诉求、对人才有效授权不到位，很多人才在工作中就看不到发展的空间，就会对自身职业生涯的发展忧心忡忡。同时，企业上下级之间缺乏有效的沟通、领导与人才的感情交流不到位等问题，是影响人才工作积极性提高的障碍，也是用人单位在今后的工作中必须着重改进的地方。只有用人单位重视了对人才的精神激励，让人才在物质生活得到满足的同时感受到被尊重、被认可、被信任，感受到是有晋升空间和发展前途的，人才在工作中才会干劲十足，企业也才会在留住人才的同时获得长远的发展。

4.1.7 重视短期激励方式，忽视中期激励和长期激励方式

激励方式按照时间不同，主要分为三种，分别是短期激励、中期激励和长期激励。

短期激励是指通过提高人才的岗位工资、底薪或薪酬级别等方式来提高人才工作积极性的一种方式。短期激励的最大的特点就是见效快，但是激励效果不长久。用人单位需要注意的是，在对人才实施短期激励时，不能因为人才贡献的大小而随意提高或者降低薪酬，而应该根据人才的工作绩效表现，也就是业绩的完成情况来确定，并且要严格按照公司的薪酬制度执行，否则会让企业其他员工觉得不公平而影响企业内部的稳定性。

中期激励主要包括为人才提供各种配套补贴、提供外出旅游的机会和学习培训的机会等福利措施。中期激励侧重的是人才的精神方面的需求，它弥补了短期激励方式的不足，对提高人才的工作积极性具有重要作用。

长期激励方式是企业的所有者（股东）为了充分激发人才的工作积极性，降低人才的道德风险，使人才能够稳定地在企业工作而制定的激励方式。长期激励主要适用于企业的高层次优秀人才，着眼于企业的长期效益和长期发展目标。管理层在制定长期激励措施时，必须将人才的发展与企业的发展、人才的自身利益与企业的利益有效结合起来，只有人才获得发展了，企业的

经营目标才能实现。企业的长期激励有多种形式，最常见的是人才持股计划和高级人才的股份期权，还有长期期权、指数化股权、溢价股票期权、职业津贴等。长期激励方式将员工的利益与企业的利益紧密结合在一起，对于提高企业高层次人才的工作积极性具有非常重要的作用。

笔者在调研时发现，很多中小企业普遍存在的问题是在培养人才时重视短期激励方式，忽视对人才的中期激励和长期激励。在访谈的过程中，很多人才反映所在企业为其提供的配套措施不到位，企业很少组织他们外出旅游，他们获得学习培训的机会也非常少。在对企业的高层次人才进行访谈时发现，对高层次人才实施长期期权、指数化股权、溢价股票期权等长期激励的企业屈指可数，长期激励的缺乏使高层次人才难以从企业的长远发展中获益，这必然导致高层次人才对企业的归属感不强，很难把所从事的工作当成自己的事业来看，主人翁意识较为淡薄，工作热情不高。

企业管理层在对人才进行激励时仅仅重视物质激励的做法，虽然在短期内满足了人才的物质需求，并在一定程度上提高了人才的工作热情和工作积极性，但是，从企业长远发展的角度来看，单纯的物质激励的缺陷会不断凸显。在当前激烈的市场竞争环境中，任何企业的发展都不可能一帆风顺，都会或多或少地遭遇发展的瓶颈。当企业遇到经营困难或是市场压力较大时，有时很长一段时间内员工的工资水平难以提高，甚至有所降低。当出现这样的情况时，那些平时只注重短期激励的企业的弊端就会马上显现出来，人才会表现不满、消极怠工，甚至跳槽，企业的正常运转会受到严重影响。而那些平时注重对人才实施中长期激励的企业，由于人才对企业有着浓厚的感情，人才的自身发展与企业的发展已经融为一体，很多人才会选择和企业共渡难关。因此，山东省重点用人单位必须在对人才进行短期激励的同时注重中期激励，并有针对性地对高层次人才实施长期激励。只有这样，才能真正提高人才的归属感、向心力和凝聚力，企业才会顺利发展、才会基业长青。

4.1.8 对人才的有效授权不到位

授权指的是上级领导将完成某项工作所必需的权力授予某些下属人员，

即领导将用钱、做事、交涉、协调等决策权移转给下属，在给予这些下属一定权力的同时，委托他们承担必要的责任以顺利地完成某项工作。授权是一个组织正常运作的关键，是现代企业发展的内在需要，也是管理者的一项重要管理技巧。如果管理者能够做到有效授权，即将权力授予合适的下属，并通过给予下属一定的权力以顺利地完成工作、达到预期的工作目标，不仅能极大地提高下属的工作积极性和工作效率、培养下属的自主创新意识，还能大大地减轻管理者的工作负担，使管理者能够将更多的精力投入到企业的核心事务中，对企业的发展将起到非常重要的作用。

根据马斯洛的需求层次理论，人在食物、衣服等低层次需求得到基本满足后，对于归属的需求、尊重的需求以及自我实现的需求等高层次的需求会逐渐显现出来。人才希望得到领导的信任、获得领导的授权，以便更加独立自主地开展工作就是精神需求的重要体现。企业里很多优秀的人才不仅具有较高的知识技能水平，还具有较强的领导能力和独立自主的工作能力，他们大多创新意识较强，追求高工作效率，在工作中不希望受到太多的限制。然而，当前山东省一些重点用人单位对人才的授权很不到位，领导的权力过于集中，一些中小企业的官僚主义作风极为严重，企业内部的大小事务都由管理者一手决定。一些企业的经营者甚至专制独裁，“一言九鼎”，总揽企业内一切事务。这种情况的存在一方面造成了管理者难以从烦琐的日常事务中解放出来，身心疲惫；另一方面造成了人才在开展工作时难以得到有效授权，工作中即使遇到小问题也不敢自己拿主意，往往需要层层请示，浪费了大量的时间和精力，工作效率极为低下。对人才有效授权的缺失使得人才的高层次需求难以得到满足，严重挫伤了人才参与管理的积极性，不仅不利于人才的个人成长，也严重影响了企业的长远发展。

4.1.9 晋升制度不健全

员工晋升制度是指企业为了达到提升员工的个人能力和综合素质、充分调动全体员工的工作积极性和主动性的目的，通过在企业内部建立公平、公正、公开的竞争机制，以规范员工的晋升、晋级流程而特别制定的制度。晋升制度是企业制度的重要组成部分。企业的晋升制度一般都会对晋升模式做出明确规定，晋升模式通常包括按工作表现晋升、按投入程度晋升和按年资晋升三种。系统完善的晋升机制对于人才的个人发展和企业的长远发展都具有非常重要的作用。一方面，系统完善的晋升机制可以实现资源的合理有效配置，通过晋升制度可以将合适的人安排在合适的位置上，以实现工作职位和人才工作能力的良好匹配。另一方面，通过晋升可以为人才提供激励，充分激发人才的工作积极性。笔者在调研中发现，很多人才认为只有在单位里身居要职，才能真正体现出自己的能力和地位，才能说明自己是成功人士。因此，很多人才把在单位获得不断晋升作为自己的奋斗目标。如果企业具有良好的晋升制度，能够为人才晋升提供支持和保障，人才就会感觉在这样的单位工作是有发展前途的，是有奔头的。在良好的企业晋升制度的激励下，人才为了获得职业发展的满足感，便会更加努力地工作。因此，良好的晋升制度将会极大地增强人才的使命感和责任感，减少人才流动现象的发生，对于留住企业的优秀人才具有非常重要的作用。

笔者在调研时发现，晋升制度不健全是当前山东省重点用人单位普遍存在的问题，主要表现在以下几个方面：第一，晋升的标准不够具体，一些企业对于晋升根本没有具体的标准，有的企业即使有一些晋升标准，但也不够具体，含糊其词，人才无法通过晋升标准明确自己到底应该达到什么样的条件才能获得晋升。一些企业在决定哪些人能够获得晋升时，采用的仍然是由部门主管推荐后报给总经理、总经理再召开会议征求大家意见的陈旧的方式。由于这种晋升方式流于形式，缺乏明确的标准，很容易引起员工的不满，让人才对企业失去信心，严重影响人才的工作积极性。第二，职级的晋升与所承担的工作任务和所做的贡献关系不大。晋升的含义是当员工在现有的工作岗位上表现良好时可以提升到较现有职务高一级的职务上。但笔者在调研中发现，很多用人单位的晋升制度脱离了晋升的原始精神。例如，有的员工平时工作表现一般，但仅仅因为在原有岗位上工作了五六年就得到了提升。

这种以工作年限的长短而不是以工作能力的强弱来决定是否晋升的制度，会让人才觉得企业的晋升制度就是论资排辈，即使自己的工作能力再强、平时承担的工作任务再多、为企业做出的贡献再大也不可能获得晋升。这种晋升制度对优秀的年轻人才打击是非常大的，很多优秀人才由于看不到晋升和发展的可能性而不得不选择离职。第三，能否获得晋升由领导决定，这是用人单位普遍存在的现象。在一些用人单位内，上下级的职责界限明确，领导的作用是巨大的，他们能够决定员工的薪酬待遇水平，能够决定员工能否顺利地得以晋升。在这种情况下，为了得到领导的喜欢和认可，一些人才不得不把较多的精力用来处理与领导的关系上，而对自身的专业知识和技能水平的提升有所忽视，不利于人才的长远发展。

总之，当前山东省很多用人单位内部晋升制度很不健全，没有制定明确的人才职业发展规划，缺乏明确的晋升标准和晋升体系，不能为人才提供充分的发展和提升机会，不能结合人才的需求为其提供良好的职业发展空间。在决定是否提拔人才时过多地考虑员工的资历以及领导的意见和看法，忽略了人才的工作能力、所承担的工作任务和所取得的实际工作绩效。由于企业内缺乏系统完善的内部晋升制度，难以形成良好的职业晋升阶梯，很多人才感觉自己在企业的发展前途渺茫，缺乏工作热情和工作动力，“做一天和尚撞一天钟”的思想较为严重。如果这种情况长期发展下去，不仅会对人才本身的发展产生极为不利的影响，还会使企业陷入“一潭死水”，缺乏生机和活力，从而最终在激烈的市场竞争中被淘汰。

4.1.10 重视引进人才，忽视培养人才

当前，在激烈的市场竞争环境和人才竞争环境中，越来越多的企业管理者认识到引进人才，特别是引进高层次创新型人才对于提高企业自身竞争能力、提高组织绩效、实现企业长远发展的重要意义。山东省是人才大省、人才强省，为进一步促使人才在山东省经济发展中发挥重要支撑作用，山东省各级政府近几年陆续出台了一系列引进人才的优惠措施，与其他省份展开了激

烈的人才争夺大战。政府政策的鼓励和指导，极大地调动了用人单位引进人才的积极性。很多用人单位对引进人才工作越来越重视，纷纷结合本单位的人才需求状况、岗位需求状况、单位长远发展规划等方面，加大对引进人才的政策优惠力度。为了顺利地引进人才、解除人才的后顾之忧，引进人才的政策优惠措施涉及方方面面，包括给予人才一次性补助资金、住房优惠、科研启动经费，以及解决家属就业、子女入学问题等各个方面。这些优惠政策的出台为用人单位引进人才工作的顺利开展打下了良好的基础，很多重点用人单位的引进人才工作取得了实质性进展，高层次创新型人才的引进数量逐渐增多，单位的长远发展奠定了强有力的人才支撑。

与积极的引进人才政策和在引进人才方面取得的显著成效相比，当前，山东省很多重点用人单位对培养人才的工作不够重视，引进人才与培养人才没有很好地衔接起来，出现了人才“引得进、留不住”的现象。一些用人单位的管理者目光短浅，对单位的发展缺少长远规划，他们把引进人才作为目的，想当然地认为只要花大力气把人才引进来了，人才自然就会积极地为单位做贡献，没有必要在培养人才方面投入过多的时间、精力和财力。一些管理者甚至认为人才在本单位的发展是人才自己要考虑的事情，与单位没有什么关系。很多管理者没有认识到引进人才只是用人单位人才队伍建设和单位竞争力提升的一个开始，只有下大力气培养好人才、想方设法调动起人才的工作积极性，才能使人才为用人单位所用，才能使每一位人才真正发挥出自身优势，实现人才发展与单位发展的双赢。还有一些用人单位在人才引进后，对当时签订的人才引进合同中约定的政策落实不积极，甚至能拖就拖，长时间不兑现对人才的各种承诺。管理者对刚入职人才的工作状况、心理状态不关注，人才感受不到单位的重视，无法真正融入工作岗位安心工作，一部分人才甚至在工作不久就因心理落差过大而产生离职的想法。很多用人单位还存在缺乏系统完善的培养人才体系、对人才的培训措施不到位等方面的问题，对培养人才工作的忽视极大地打击了人才的工作积极性，导致人才在现实面前逐渐丧失了工作热情和创新的积极性。如果这种状况长期得不到改善，人才便会对用人单位表现出强烈的不满和失望，甚至最终可能会选择离职，导致用人单位虽然花费了大量的人力、物力、财力引进了人才，但最终却没有留住人才。这不但使用人单位前期引进人才的工作成果毁于一旦，而且还会极大地影响单位的声誉，给今后的引进人才工作造成极大的困难。

4.2 引进人才与培养人才融合发展中存在问题的原因分析

在前文中，我们分析了山东省重点用人单位在引进人才和培养人才融合发展中存在的主要问题，造成这些问题的原因主要有：用人单位缺乏对引进人才与培养人才融合发展重要性的正确认识、缺乏对人才需求的了解、缺乏科学的绩效考核体系、缺乏优秀的企业文化，人才自身职业素质的缺陷，以及管理者与人才双方缺乏有效沟通等。

4.2.1 用人单位缺乏对引进人才与培养人才融合发展重要性的正确认识

引进人才与培养人才的有效融合是现代人力资源管理发展的要求。当前，山东省大多数重点用人单位虽然已经实现了传统的人事管理向人力资源管理的顺利转变，但现代人力资源管理的理念较为欠缺，对激烈的市场竞争环境和人才竞争环境认识不足，管理层普遍缺乏对引进人才与培养人才融合发展重要性的正确认识。

从引进人才方面来看，管理层大多把对人才方面所投入的资金看成是单纯的成本开支，在引进人才方面往往不舍得投入大量的成本，造成的结果是要么根本招聘不到优秀的人才，要么留不住人才。引进人才是培养人才的前提条件，只有引进了优秀的人才，才能在培养人才的过程中节省时间和成本。由于企业管理层缺乏对引进人才重要性的正确认识，很多企业的引进人才工作停滞不前，对后续的培养人才工作造成了很大的障碍。

从培养人才方面来看，只有重视人才的培养工作，一个国家、一个地方、一个企业才具备发展的核心竞争力。优秀人才的作用无可替代，他们是社会先进生产力和先进文化的重要创造者和传播者，是一个国家得以强大的宝贵财富，是社会进步发展的强有力的推动者。因此，我们必须要重视人才的培养工作，要把培养人才工作放在国家战略发展的高度来看待，要把培养优秀人才作为一项长期任务常抓不懈。忽视了人才的培养工作，国家就会失去进步发展的源动力，就难以取得科技的进步和技术的发展，国家的发展与进步就会受到严重影响。

企业的管理层由于缺乏对培养人才重要性的正确认识，对培养人才的重视程度不够，必然会在具体工作中出现各种问题。比如，一些企业的人才工作管理体制很不健全，没有专门的人力资源管理机构，或者是人力资源管理机构职责不明确、功能不健全，人才工作与单位其他工作的协调不完善等；缺乏健全的人才评价机制，在对人才的工作绩效进行评价的过程中，存在评价标准不科学、评价程序不规范、评价手段不先进等问题；人才激励机制不健全，重短期激励轻长效激励、重物质激励轻精神激励、重高层次人才激励轻一般人才激励的现象比较突出；人才流动的机制还不够畅通，人才在流动的过程中受到各种限制，人才政策的导向作用还没有得到有效发挥，市场的资源配置作用受到一定的限制；在对人才的使用过程中仍然存在重使用轻培养、重学历轻能力等问题。

4.2.2 用人单位缺乏对人才需求的了解

人才需求是指社会在一定时期和一定范围内的人才需要能力。对于人才市场而言，人才需求是指人才的价格与有支付能力的需求量之间的关系；对于人才使用单位而言，人才需求则是指用人单位在一定时期内在各种可能的价格水平上愿意并且有这种支付能力而聘用到的人才数量或者是人才的工作时间。国无才不立，业无才不兴。习近平总书记多次强调，要在全社会大兴识才爱才敬才用才之风。只有大力改革人才使用机制，才能达到真正聚天下英才而用之的目的。

对于用人单位而言，如何才能吸引优秀人才的加入呢？关键的一点就是所制定的引进人才政策能满足人才的内心需求。人才处于不同的发展时期，其需求点是不同的。企业要想吸引优秀人才的加入，至关重要的一点就是把准人才需求的脉、牵住人才的心、找准人才的需求点。只有找准了人才的需求点，满足了人才多层次的需求，才能为引进人才奠定良好的基础。只有不断地改革企业内不合理的体制机制，不断优化人才创业发展的软环境，把人才工作做到人才心坎里去，才能激发人才的工作积极性。企业在制定引进人才政策时，必须要紧紧围绕人才的需求点，以人才的需求为出发点，既要满足人才高层次的需求、为人才打造优良的“前方”创业阵地，也要满足人才低层次的需求、为人才提供舒心的“后方”生活环境。

从培养人才角度来看，培养人才的过程就是不断满足其内在需求的过程。随着人才工作技能和综合素质水平的不断提高，其内在需求也在不断地由低层次向高层次转变。了解人才的多层次需求是对人才进行有效激励的前提，只有满足了人才的内在需求，培养人才的措施才能发挥出最佳效果。特别是企业的高层次人才，其需求情况更加多样化，如果不去深入了解，所制定的培养人才措施与高层次人才的需求相差甚远，便会引起高层次人才的不满，影响高层次人才工作积极性的发挥，甚至造成高层次人才的流失，企业的正常发展也将受到严重影响。

笔者在调研中发现，当前很多企业的管理层平常不注重与人才的沟通交流，不花费时间和精力去了解人才的心理变化，不知道人才真正需要的是什么，看不到社会发展、企业发展和人才个人成长对培养人才方面提出的新挑战。由于对人才的需求点把握不准，企业制定的有关培养人才的措施必然带有随意性和盲目性，缺乏针对性和实效性。

4.2.3 用人单位缺乏科学的绩效考核体系

绩效考核是企业绩效管理工作的重要组成部分，也是现代人力资源管理的一项重要活动。绩效考核是指通过采用科学的方法，按照一定的标准和要求，对员工的能力态度、工作业绩、品行等多个方面进行综合评定，以此来体现员工的业绩完成情况，并根据员工的业绩完成情况确定员工的工作绩效和奖惩标准的一种管理方法。绩效考核在现代企业管理中具有非常重要的作用。绩效管理的整个过程涉及多个环节，其中，绩效考核是绩效管理中最为关键的环节，绩效考核的成功与否关乎整个绩效管理过程是否有效、是否成功。

笔者从以下几个方面说明绩效考核的重要意义：第一，绩效考核与组织的战略目标紧密相连，绩效考核的实施情况直接关系到能否把全体员工的行为统一到组织战略目标的实现上来。第二，绩效考核是员工聘用的依据。在决定是否聘用员工、聘用多长时间、给予员工的薪酬是多少、给员工提供什么样的培训和发展机会时，绩效考核的结果是非常重要的参考依据。第三，绩效考核是对员工实施培训计划的依据。根据绩效考核的结果，可以准确地把握员工在工作中存在的薄弱环节有哪些，并根据所反映出的问题有针对性地制定相应的培训计划，以提高员工的绩效水平。第四，绩效考核有助于企业薪酬制度的不断完善。科学合理的绩效考核制度可以使企业的薪酬制度不断完善，更加符合企业运营的需要。第五，绩效考核可以促进企业有效运用激励机制。企业在确定对员工的激励方式、激励内容时，往往以绩效考核为依据，通过绩效考核，把员工聘用情况、职务的升降、培训发展的方式等方面有机结合，可以使企业的激励机制得到充分运用，不仅有利于企业的健康发展，还有利于员工个人构建自我激励的心理模式，充分提高员工的工作积极性。

笔者在调研中发现，当前山东省用人单位在对人才进行绩效考核时存在很多问题：第一，企业缺乏切实可行的绩效考核目标、考核指标和评分标准。从绩效考核目标的设定来看，大多数企业将目标设定过高；从绩效考核指标的制定来看，很多企业的考核指标不够具体、不够细化，导致对人才的评价不够准确；从评分标准的制定来看，一些企业的评分标准过于模糊和抽象，考评人员在打分时很难准确把握，导致被考核人员认为打分不公平而产生不良情绪。第二,很多企业对绩效考核主体的设置不合理,没有建立科学的考核主体约束机制。很多企业的考核主体以领导为主、同事为辅,绩效考核的主体过于单一,导致对人才的评价不够全面。同时,很多企业缺乏科学的约束制度对考核主体的行为进行有效约束,这就导致了考核主体在打分时过于随意,导致考核结果缺乏透明度,引起人才的强烈不满。第三,很多企业没有建立有效的考核申诉制度。有效的考核申诉制度可以对绩效考核中出现的问题及时进行解决,然而,山东省很多中小企业还没有建立起有效的考核申诉制度,人才的工作表现如何、工作业绩怎么样、能否有机会获得晋升等大多由领导说了算,即使在人才考核时出现了问题,人才也往往没有合适的申诉机会。当人才遭遇不公正待遇并且申诉无果的时候,必然会导致对考核者甚至整个企业失去信心。第四,很多企业没有认真组织绩效考核后的面谈。绩效考核后的面谈对提高人才的工作绩效具有十分重要的作用,它能帮助被考核者及时发现工作中存在哪些问题,以便在今后的工作中有针对性地解决。但是,当前很多用人单位忽视了绩效考核后的面谈这一重要环节,导致绩效考核的结果无法及时反馈,影响了绩效考核的最终效果。

通过以上分析我们可以发现,当前山东省很多重点用人单位缺乏科学的绩效考核体系,绩效考核的过程大多流于形式,缺乏先进的绩效考核方法和专业的绩效考核人员,考核结果如何很大程度上由领导说了算,难以真正地衡量出人才的工作业绩。由于缺乏科学的绩效考核体系,优秀人才的工作业绩不能得到准确地衡量,用人单位内部存在一定程度的“吃大锅饭”现象。绩效考核的不完善使得企业的培养人才措施失去了实施的现实依据和制度保障,极大地影响了培养人才的效果。

4.2.4 用人单位缺乏优秀的企业文化

企业文化是一个企业的精神之魂,对企业的发展具有非常重要的作用。第一,企业文化具有强大的凝聚力。优秀的企业文化可以在企业内部形成强大的凝聚力和向心力,使员工紧紧地团结在一起,万众一心、众志成城,为实现共同的目标而不断奋斗。第二，良好的企业文化具有强大的引力作用。良好的企业文化可以引导员工正确地做事、做正确的事，引导员工自觉地遵守企业的行为规范和规章制度。同时，良好的企业文化还可以对合作伙伴形成良好的引导作用，促进企业与客户、供应商建立起良好的合作伙伴关系，使企业与消费者的关系更加和谐。良好的企业文化可以使企业的发展愿景与个人的发展目标有机结合起来，使整个企业的人际关系和谐、工作环境良好。第三，企业文化具有强大的激励作用。人才工作积极性的发挥很大程度上依赖于企业良好的文化氛围。在具有优秀企业文化的单位里工作，会让人才感觉如沐春风、精神愉悦、干劲十足，同事之间关系和谐，上下级之间互相尊重，各部门之间密切合作，大家的劲往一起使、力往一起用，共同为企业的发展贡献自己的力量。这种良好的精神激励作用能够极大地调动人才的工作积极性、主动性和创造性，充分发掘人才的智慧和能力，在增强企业的整体执行力的同时使人才得到全面的发展。第四，良好的企业文化具有约束作用。企业文化规范包括道德规范和行为规范两方面内容。“没有规矩不成方圆”，通过发挥企业文化道德规范和行为规范的作用，可以有效地约束人才的行为，让人才在工作的过程中明确哪些行为是可以做的、哪些行为是不该做的、哪些行为是不能做的。企业文化在对人才的行为进行一定约束的基础上，可以提高人才的工作自觉性、积极性、主动性，使人才明确工作的目的和意义，找到正确的工作方法，不断增强职业责任感，促进人才的全面发展。

通过以上分析可以看出，良好的企业文化具有非常重要的作用，它能对人才的行为产生潜移默化的影响，能激励人才提高斗志，充分发挥出人才的主动性和创造力。良好的企业文化是增强员工凝聚力、提高员工工作积极性的不可忽视的内在因素。在调研中我们发现，当前山东省很多用人单位的企业文化建设很不健全，企业内部尚未形成良好的文化氛围，这是造成人才工作积极性不高的非常重要的阻碍因素。一些企业所谓的企业文化，仅仅是企业家在经营管理企业的过程中将自己的经营理念及价值观融入企业中而形成的企业家文化，“尊上”“唯命是从”是这类企业文化的显著特征。在这种企业内，上下级之间难以建立起和谐的关系，上级对下级经常下达各种命令，要求下级唯命是从，下级对上级的不满情绪非常严重。随着企业的不断发展，这种企业文化不但难以使人才产生归属感、形成凝聚力，还将不利于优秀人才的引进，影响企业的长远发展。企业文化的缺失使得引进人才与培养人才的有效融合失去了良好的氛围和环境，影响了引进人才与培养人才融合的效果。

4.2.5 人才自身职业素质的缺陷

笔者根据调研得知，当前山东省重点用人单位大多数人才具有较高的职业素质，他们大多勇于进取、行动果断、好学上进、志向高远、积极主动，在工作中勇于担当，能够积极主动地承担工作任务，对于工作中面临的难题能够迎难而上，大多具有良好的个人修养，能够处理好上下级之间、同事之间的各种关系，确保工作的顺利开展。但是，也存在一些职业素质较差的人才，他们在工作中互相推诿，缺乏上进心和创新性，缺乏克服困难的勇气和动力，不愿意承担工作责任，团队意识较差，消极被动，工作效率较为低下，不仅影响了自己工作的顺利开展，还影响了部门内部其他人才的工作状态和整个团队的工作效率。当工作中出现问题时，他们不是想方设法去积极解决，而是知难而退，不愿意付出，他们中很多人存在“做一天和尚撞一天钟”的错误思想，严重影响了部门乃至整个企业的健康发展。当企业给他们提供培训和发展的机会时，他们不是积极接受，而是消极对待，他们排斥管理者的安排，不愿意参加培训活动，不愿意提高自己的工作技能。对于这样的“人才”，即使用人单位给他们提供再好的激励措施，他们也不愿意积极工作。

4.2.6 管理者与人才双方缺乏有效沟通

沟通是人与人之间、人与群体之间思想与感情的传递和反馈的过程，通过沟通可以使人与人之间的思想达成一致，感情交流通畅。在日常生活中，沟通的形式多种多样，不仅包括人与人之间口头语言的传达和书面语言的交流，个体的形体语言、个人的习惯等也是沟通的重要表现形式。在企业内，员工之间良好的沟通对工作的顺利开展具有非常重要的作用。在工作中，每个人都需要和领导沟通、和同事沟通，需要和企业外部的政府机构、供应商、客户等沟通。沟通对于管理者和员工都有着十分重要的意义。对管理者而言，通过和下属进行有效的沟通，可以将工作合理地、科学地、及时地安排给员工，确保员工能够准确地把握工作的内容和工作的具体要求。对于员工而言，通过和上级领导有效的沟通，可以准确地领会领导的意图，确保达到工作要求、完成工作目标；通过不断地和同事进行沟通，可以使工作得到合理分配、顺利完成。人际关系的好坏与沟通是否顺畅有着密切的关系，人际关系与沟通彼此影响、相互补充。如果企业内人际关系良好，人与人之间的沟通就比较顺畅，而沟通良好，又能够进一步促进人际关系的和谐。如果人与人之间的关系不好，就会增加双方沟通的困难，而沟通不良，又会进一步导致人际关系越来越坏。总之，缺乏有效的沟通，一个人的工作能力再强也无法通过有效的方式表现出来。从培养人才的角度来看，有效的沟通是改善管理者与人才的关系，提高培养人才效果的重要因素。

在调研中发现，当前山东省重点用人单位中管理者与人才的沟通不够顺畅，缺乏完善的沟通渠道和信息反馈渠道。在一些企业内，受到错误管理思想的严重影响，一些管理者不是把人才当成独立的、有思想的、有主观能动性的个体来看待，而是习惯于把他们视为纯粹的执行者，管理者想要掌控人才、支配人才的思想比较严重。管理者在工作中时时处于高高在上的地位，不愿意与人才进行平等的交流和沟通，在决策的制定过程中不善于听取人才的意见和建议，造成一些决策本身就存在很大的问题。决策制定后，管理者只想着让人才无条件地服从自己的命令，这必然造成交流途径的狭窄和交流过程的不顺畅，甚至使得一些原本有效的信息在传播过程中由于缺乏沟通而变得不完整。长此以往，管理者与人才双方由于缺乏有效沟通必然会造成人才的凝聚力下降，造成上下级之间、同事之间的无端猜测，导致企业内耗过大而影响企业的正常发展。沟通的不顺畅还会导致人才对企业的发展战略和发展目标不明确，对企业的发展前景不看好，人才的自身需求和愿望无法得到表达，缺乏归属感和安全感。因此，必然会引发人才的消极怠工、人浮于事的现象，管理者与人才的矛盾越积越多，甚至成为完全的对立方。

4.2.7 用人单位之间的交流与合作不足

用人单位要做到引进人才与培养人才的有效融合并非易事，这其中管理者发挥着非常重要的作用。用人单位管理者之间的相互交流与合作可以取长补短，优势互补；有助于管理者走出管理误区，提高决策效率，提升管理绩效；有助于管理者及时有效地发现本单位存在的不足之处，以制定更加科学合理的引进人才与培养人才融合的有关政策。用人单位管理者通过到其他单位进行考察和学习，可以从不同方面了解到其他单位人才与本单位人才的一些共性看法和不同观点，这将有助于管理者更加全面客观地了解人才内心的真正想法和现实需求，更加深入地了解引进人才与培养人才的相互融合对于人才发展和单位发展的重要意义，从而加大对引进人才与培养人才融合的配套政策支持力度。到其他单位学习，不仅为管理者之间共同探讨人才培养的有效模式提供了良好的机会，使管理者的思想认识水平得到提升，管理者可以更好地在本单位进行大刀阔斧的改革，为引进人才与培养人才融合的实现打下良好的基础，而且不同单位人才之间的短期交流，可以为人才提供多种锻炼的平台，充分提升人才的创新能力，极大地提升人才的工作绩效。

然而笔者在调研中发现，当前山东省很多重点用人单位管理者将引进人才与培养人才作为两个互相独立的部分来看，看不到引进人才与培养人才之间的关联性。管理者自身缺乏引进人才与培养人才融合的相关经验，加之与其他用人单位之间的交流与合作不足，严重影响了引进人才与培养人才融合工作的顺利开展，导致单位虽然也制定了一些引进人才与培养人才融合方面的相关政策，但真正落实起来却很困难。很多用人单位在引进人才与培养人才融合中大多是各行其是，单位之间缺乏相互交流与合作的机会，主动到其他单位学习先进经验的管理者不多。这样不仅会因管理者目光狭隘而导致对引进人才与培养人才融合问题的认识不全面，还有可能因为无法学习到最新的知识而使单位错失发展的良机。

5 其他省份引进人才与培养人才的有关措施

5.1 黑龙江省引进人才与培养人才的有关措施

5.1.1 引进人才的有关措施

近年来，黑龙江省为了充分发挥人才在推动经济发展中的重要作用采取了一系列引进人才优惠措施，吸引了大批优秀人才的加入。黑龙江省引进人才的有关措施可归结如下。

第一，创新高层次引进人才方式。黑龙江省为了引进大批优秀的高层次人才，投入了大量专项资金支持人才管理改革试验区的建设，重点引进携带高新技术项目转化和产业化的国家级专家、优秀企业家等高层次人才。

第二，不断加快推进人才管理体制改革。首先，建立人才管理服务清单制度。为了有效推动人才管理部门简政放权、提高人力资源管理部门的办事效率，黑龙江省的省、市、县三级政府实现了将人才的招聘、落户落编、科研立项、职称评审、收费事项等每项职权的行使主体、办理流程、办结时限和监督方式等以清单形式列出并向社会公布，全面建立人才管理服务权力清单和责任清单。通过这种方式，让全社会能够适时了解到全省人才的引进情况、人才的优惠政策情况、全省人才的职称占比情况，以此来吸引优秀人才的加入。

其次，黑龙江省要求各政府部门按照权责一致的要求，逐一厘清与行政职权相对应的责任事项，要求明确责任主体，健全办事问责机制。全面落实用人单位自主权，创新事业单位编制管理方式，对高校、公立医院和其他符合条件的公益类事业单位实行备案制管理。再次，积极推动人才管理服务市场化、社会化。全面推进省、市、县三级公共就业和人才服务机构整合，组建职能统一的综合性公共就业（人才）服务机构。通过人才服务机构为各类人才提供便捷化服务，吸引优秀人才的加入。

5.1.2 培养人才的有关措施

黑龙江省在加大引进人才力度以吸引优秀人才加入的同时，非常重视人才的培养工作，通过采取一系列培养人才的措施，提高人才的工作积极性。黑龙江省培养人才的有关措施可归结如下。

第一，完善产学研用协同育人模式。政府部门要求高校、技师学院增设满足“五大规划”“十大重点产业”“龙江丝路带”建设需要的紧缺专业，结合社会对人才的需求情况注重培养应用型创新人才，使人才的培养与经济社会的发展需求紧密地结合在一起。

第二，改进创新型科技培养人才支持方式。为了提高创新型科技人才的工作积极性，黑龙江省对创新型科技人才实施特殊的支持计划，定期组织创新型科技人才的评选活动。对于那些对经济社会发展做出突出贡献的创新型科技人才，根据评选结果给予不同程度的资助，通过物质激励的方式提高创新型科技人才的工作积极性。

第三，注重对创新型企业家的培养。企业家的素质和修养对一个企业的发展具有非常重要的作用，做一名创新型企业家是当今社会发展对企业家提出的新要求，只有企业家具有了创新精神和创新能力，才能充分带动整个企业创新能力的全面提高。近年来，黑龙江省特别注重对创新型企业家的培养力度，一方面，合理增加国有企业经营管理人才市场化选聘比例，减少行政任命管理人员，探索建立职业经理人制度，制定与之配套的薪酬管理、绩效考核、股权设置等激励政策。另一方面,积极组织各种形式的培训,如通过定期组织企业家外出交流学习、举办各种培训班等形式,全面提高创新型企业家的经营和管理技能。

第四,创新技术技能培养人才模式。技术技能人才的培养对推动黑龙江省科技水平的提高和经济的发展具有非常重要的作用。为了培养高层次的创新技术技能人才,黑龙江省不断完善现代化的职业教育体系,改革职业教育培养人才方案,丰富职业教育的内容,加大职业教育的师资队伍建设。在职业教育的发展过程中,不断强化校企合作,探索校企合作的新模式、新方法,推行校企联合招生、联合培养的现代学徒制,促进中高职衔接,推动职业教育集团化办学,为培养优秀的技术技能人才奠定了良好的基础。

第五,注重开发青年优秀人才。青年优秀人才是国家发展的未来和希望。为了培养和开发青年优秀人才,黑龙江省要求各企事业单位首先要从思想上破除论资排辈、求全责备等陈旧观念,要加强对青年优秀培养人才的思想重视程度,把培养优秀青年人才作为一项战略性任务常抓不懈。同时,为了提高青年优秀人才的科研积极性,黑龙江省在省级重点科研项目申报评审中向35周岁以下的青年人才倾斜,并根据青年优秀人才的科研水平和科研能力给予一定的科研配套经费,给青年科技人才配备开展项目研究工作所需要的实验室、实验设备等硬件设施,为青年优秀人才更好地开展科研工作奠定良好的基础。

5.2 江苏省引进人才与培养人才的有关措施

江苏省的经济发展水平一直处于全国前列,为了充分发挥人才对经济发展的促进作用,江苏省对引进人才和人力培养工作非常重视。随着国内各地区之间"人才大战"愈演愈烈,江苏省始终把引进人才和培养人才工作摆在重要地位,对引进人才和培养人才工作丝毫没有放松,为引进人才和培养人才的有效融合奠定了良好的基础。

5.2.1 引进人才的有关措施

近年来，江苏省引进人才的有关措施可归结如下。

第一，中共江苏省委组织部、江苏省人才工作领导小组办公室于2018年3月印发了《“江苏省高层次创新创业人才引进计划”改革实施办法》《江苏省“333高层次人才培养工程”改革实施办法》的通知。其中，《“江苏省高层次创新创业人才引进计划”改革实施办法》指出，制定该办法旨在认真贯彻落实习近平总书记关于人才工作新思想，结合人才发展体制机制改革，推动江苏省“双创计划”提档升级，为江苏省高质量发展走在全国前例、建设“富强美高”新江苏提供强有力的人才支撑。

第二，鼓励社会各方力量参与引才。社会力量参与力度不够是前些年江苏省引进人才工作中的一块短板，为此，江苏省政府提出，在引进人才的过程中要改变政府单方参与、仅由政府提供财政资金支持的状况，要想方设法实现引进人才由政府向全社会、由事业向产业化转变。江苏省近几年以各市的开发区为试点，以打造开发区产才融合高地为目标，积极推动形成一批“产业＋人才”特色小镇，鼓励社会各方力量参与引才，减轻了政府的财政负担，实现了引进人才的多元化，取得了良好的成效。

第三，为高端人才到江苏创业搭建良好的平台。为了引进高端人才，江苏省成立了创业服务协会。近年来，江苏省的创业工作面临转型升级、高质量发展的迫切要求，成立江苏省创业服务协会是顺势而为、大势所趋。创业协会以实现创业富民为目标，团结从事创业服务的机构、团体和个人，为全省各类创业者提供全方位、全流程的创业就业服务，更大力度促进创业、带动就业，为引进高端人才到江苏省创业搭建了良好的平台。同时，江苏省还提出了要不断加快新兴产业布局建设，实施“一行业领域一人才工程”，推动引进人才与产业发展的深度融合，力争达到每一个行业和每一个领域都引进高层次优秀人才，为推动江苏省各领域的不断发展奠定良好的基础。

第四，支持“招院引所”，鼓励开发区与高校、科研院所共建研究院(所)，共建产业技术创新联盟，共同引才育才，共享科研设备设施。高新技术产业开发区作为科技与经济相结合的新形式，已经存在近半个世纪。高新技术开发区的健康持续发展，离不开高校和科研院所提供的优秀的人才支撑。高校、科研院所是集培养人才、科学研究以及其他社会服务于一体的机构，其培养人才的功能正好与高新技术产业开发区的发展需求相吻合，这就为高新区与高校、科研院所的交流、协作奠定了良好的基础。江苏省出台一系列措施支持“招院引所”，鼓励开发区与高校、科研院所共建研究院（所）的合作交流，为实现共同引才育才的目标提供了良好的政策支撑。

5.2.2 培养人才的有关措施

近年来，江苏省培养人才的有关措施可归结如下。

第一，为了提高高校科研人才的工作积极性，江苏省提出建立学术休假制度。按照该制度，江苏省高校的教学科研人员可按照自己的需求定期享受带薪学术休假；制度鼓励优秀的教学科研人才在暑假和寒假到各地参加学术交流活动，以提高教学科研人才的业务水平和工作技能；制度鼓励教学科研人才开展各种层次的专业进修和研发创新活动，并给予一定的资金支持；制度鼓励科研人才参加研发创新活动，以提高科研人才的科研创新能力。

第二，实施大学生企业工程师培育计划，鼓励优秀大学毕业生到企业工作。为了提高大学生的素质和技能，江苏省借鉴世界先进国家高等工程教育的成功经验，通过不断地探索，创建了具有中国特色的工程教育模式。该教育模式以科学发展观为指导，通过各种措施，鼓励企业和高校、科研院所以及其他各个行业密切合作，着力提高大学生的综合素质。在对大学生的教育中，以实际工程为背景，以工程技术为主线，着力提高学生的工程意识、工程素质和工程实践能力，以培养造就一大批具有较强的创业创新能力、能够适应企业发展需求、社会发展需要的优秀工程师。

第三，实施百千科技企业家培育工程。企业作为社会经济发展的主体，企业家作为引导经济发展的主力军，对整个社会经济的发展具有重大的推动作用。为了加快培养优秀的企业家，江苏省积极实施百千科技企业家培育工程。通过该工程的实施，江苏省扶持、培养、造就了一大批社会责任感强、具有丰富的社会经验和较强的开拓精神的优秀企业家，为江苏省经济社会转型升级提供了重要支撑，对于江苏省实现经济的快速发展起到了极大的促进作用。同时，江苏省不断完善各项配套措施促进企业家的全面发展。比如，通过建立台账的方式，对于具有一定发展潜力和较好发展前途的优秀中小企业家进行调查摸底，实行动态管理服务，满足中小企业家的多种需求。通过建立和不断扩大中小企业家协会的形式，让全省的中小企业家在自愿、互惠、互利的基础上共商发展大计。中小企业家协会将中小企业家组织起来，企业家们相互扶持、取长补短，共同解决企业发展过程中遇到的各种难题，共同商讨抵御市场风险的各种对策。中小企业家协会使江苏省各企业拧成了一股绳，形成了强大的发展合力，对促进中小企业的快速成长和壮大发挥了重要的推动作用。同时，江苏省还成立了中小企业服务中心，该平台为企业家提供多种服务，包括融资支持、招商对接、劳动用工、教育培训、信息发布、技术支持等。服务中心安排专人负责与财政、金融、工商、质检、人力资源和社会保障、科技、招商等部门联系、协调，为中小企业家提供了各种高效优质的服务，受到了中小企业家的一致好评。

第四，建立健全高技能培养人才体系，培养技艺精湛的技能人才。高技能人才是指通过专门的培养和训练，掌握了较高水平的应用技术、技能和理论知识，并具有创造性特征和独立解决专业问题能力的高素质劳动者。高技能人才对于推动社会经济发展具有重要作用。为了充分发挥高技能人才对江苏省经济发展的重大推动作用，江苏省政府采取了各种措施加大对高技能人才的培养力度。比如，为了给高技能人才的培训市场营造良好的外部环境，江苏省各级政府采取各种措施统筹培训市场的准入与分管工作，逐渐理顺了培训市场与政府之间的关系；通过构建职业能力终身培训制度，健全企业高技能人才培训机制，不断加大对高技能人才的培训力度，提高高技能人才的知识技能水平；建设江苏省高技能培养人才的网络共享平台，通过网络平台实现了资源的优化配置；为了提高高技能人才的工作积极性，对于业绩突出、做出突出贡献的优秀高技能人才加大物质奖励和精神激励的力度；为了准确地对高技能人才的业绩进行评价，建立和完善了高技能人才的评价体系。同时，江苏省除了注重对高技能人才的培养外，还不断拓宽培养人才的领域和范围，积极发掘和培养各领域的能工巧匠、民间艺人等乡土人才，引导全社会各领域的人才充分发挥自己的专业技术能力，带强江苏省产业发展，带动人民群众走向富裕。

5.3 浙江省引进人才与培养人才的有关措施

5.3.1 引进人才的有关措施

高端人才位于人才金字塔的顶端，决定一个地方的经济竞争力和未来发展潜力。为了瞄准世界科技前沿和顶尖水平，聚焦一批具有全球号召力的大师级人才，浙江省全面推行“人才＋”行动，以及“千人计划”“万人计划”，主要支持数字经济、人工智能、高端装备、科技金融等重点发展领域，为吸引优秀人才提供了强有力的政策支撑。浙江省引进人才的政策主要体现在以下几个方面。

第一，浙江省陆续发布了《浙江省人民政府关于加快人才引进促进人才合理流动的通知》《关于鼓励出国留学人员来浙江工作的意见》《浙江省大力引进国内外人才的若干规定》等地方性人才工作方面的政策，很大程度上拆除了高层次人才聚焦的屏障，为加快吸纳和集聚高层次人才开通了绿色通道，高层次引进人才的工作进一步拓展，集聚速度进一步加快，探索并形成了具有浙江特色的高层次人才聚集的新路子。

第二，浙江省采取措施积极推行人才柔性流动。根据高层次人才自身工作、科研、生活的特点，大力提倡“不求所有，但求所用”新理念，制定出台《浙江省外来人才聘用证实施办法》，积极推行以柔性流动方式引进高层次人才，鼓励高层次人才在不迁户口、不转人事关系的情况下，通过兼职、讲学、科研和技术合作、技术入股、投资兴办企业等方式到浙江工作、创业、服务，实现人力资源共享。

第三，鼓励用人单位通过购买先进技术引进急需人才。为了引进急需人才，浙江省政府出台了一系列措施鼓励优秀企业凭借自身强大的经济实力，通过市场交换的方式，整体兼并、收购科技含量高的研究机构、生产企业、技术项目，引进一流的核心技术和专业人才。通过这些措施，基本解决了浙江省急需人才短缺的问题。

第四，高校承担着培养人才的重要任务，高校是否拥有高层次的优秀人才直接决定了大学生的培养质量，为了引进更多的优秀人才加入高校从事教学和科研工作，浙江省政府出台政策明确高等院校出于引进人才的需求可以特设岗位，引进的高层次人才可以不受所在单位岗位总量、绩效工资等限制。这一措施的出台为高校引进高层次人才扫除了障碍。

第五，为了吸引优秀人才加入浙江、为浙江经济社会发展出谋划策、贡献力量，浙江省出台了一系列人才优惠政策。比如，政府赋予高层次人才更大的人财物支配权、技术路线决定权、内部机构设置权，从而推动浙江专业产业转化率的提高；针对人才高投入、高风险的特点，建立包容和支持“非共识”创新项目的制度，创新监管方式，加大对自主创新技术和产品的支持、宽容力度；增加以知识价值为导向的分配政策，提高浙江省科学技术奖等人才奖励标准，鼓励高校院所科研人员兼职创业；浙江股权交易中心设立国际人才板，为人才提供股权融资、上市辅导等服务，创设“人才保”业务，为高层次人才提供授信担保；坚持高端引领，赴海外开展高层次人才对接洽谈活动，大力举办创新创业大赛，集聚一流人才。

5.3.2 培养人才的有关措施

在引进人才的同时，浙江省高度重视人才的培养工作，近年来陆续出台了一系列培养人才的优惠措施，概括如下。

第一,在优秀青年培养人才方面,浙江省加大对博士、博士后的培养支持力度,更大力度聚焦应届优秀大学毕业生,提高各类工程项目青年人才入选比例,试点青年人才选举制度,积极构建多元实施体系、破除培养机制壁垒、深化培养模式改革、构建质量保障体系等措施,做强一流本科、培养一流人才。比如,在破除培养机制壁垒方面,坚持产学研相结合,加快发展新工科,推进师范教育和基础教育,推进高校与农业农村部门、法律实务部门深度合作;整合高校、行业企业、地方政府的资源,创新体制机制办学,共建特色学院或所有制二级学院;积极创新培养模式,全面实施"互联网+教学"行动计划。

第二,坚持服务发展、高端引领、公平公开、竞争择优、德艺双馨、业内公认的原则,重点支持具有良好职业道德、高超技能水平,在技术革新、发明创造中具有重大贡献,在培养技能人才和传授技艺等方面业绩突出,为单位和社会创造重大经济效益,在生产和工作一线起到示范带头作用的优秀高技能人才。

第三,对浙江省"万人计划"高技能领军人才,由浙江省委人才工作领导小组授予"浙江特殊支持人才"称号,颁发入选证书,并纳入省委联系的高级专家范围。对浙江省"万人计划"高技能领军人才,给予每人 30 万元支持,分 3 年拨付到人才所在单位,主要用于高技能人才开展技术革新、培养人才、团队建设、合作交流等。对"万人计划"高技能领军人才,浙江省有关部门在科研管理、事业平台、人事制度、经费使用、考核评价、激励保障等方面均给予支持。

第四,为了推动经济的发展,浙江省政府通过提供政策支持和资金投入等方式大力扶持影视、传媒、出版、数字内容、演艺、设计、广告、高端文化装备、工艺美术和文化经营管理等十大重点领域人才发展工作,并对在重点领域做出突出贡献的个人和团体给予物质奖励,授予荣誉称号,号召全社会向他们学习,提高了人才的满意度。

第五,加强文化产业培养人才管理。近年来,随着浙江省经济发展水平的不断提高,对文化产业的发展越来越重视,而文化产业人才短缺的形势越来越严峻。为了加强对文化产业人才的培养，浙江省不断拓宽文化产业人才的培养渠道，针对产业紧缺、急需的人才，制定了中长期规划，为文化产业人才的培养找准了方向和目标。浙江省不断创新文化产业人才的培养模式，积极落实各项培养人才扶持措施，并根据人才自身需求的变化、经济社会发展、文化建设的需求情况及时调整有关政策标准。在文化产业的继承方面，浙江省积极探索新型师徒传承机制，制订并实施文化产业领域大师带徒授艺资助计划和相应的管理办法，通过给予大师一定的物质激励的方式提高他们培养文化产业人才的积极性和主动性，为培养高质量的文化产业人才发挥了重要作用。同时，浙江省加强高校文化产业类优势特色专业建设，加大文化产业相关院校、学科和平台建设；支持文化企业集聚平台建设，开展文化产业创新创业活动和培训；鼓励和吸引更多的社会力量投资兴办文化艺术教育机构，全面提升办学水平和教育质量。

第六，为培养优秀青年人才，浙江省充分调动社会力量参与青年人才的培养工作，使文化企业、高校、科研机构和其他社会资源相互整合，形成合力，营造重视培养青年人才的良好社会氛围。通过实施青年人才培育工程，加强政企合作、校企合作、校际合作，浙江省培养了一批善于开拓文化产业新领域的拔尖创新人才、掌握现代传媒技术的专门人才、懂经营善管理的复合型人才、适应文化走出去需要的国际化人才，形成了一支数量充足、专业齐全、结构合理的青年人才梯队，为浙江省经济的快速发展提供了高质量的人才储备。

5.4 广东省引进人才与培养人才的有关措施

广东省在全国率先进入经济发展新常态，整体经济不仅保持了平稳较快增长，而且经济增长质量和效益不断提高。广东省经济的快速发展离不开人才的有力支撑，近年来广东省对引进人才和培养人才工作愈加重视，相关措施概括如下。

5.4.1 引进人才的有关措施

第一，为进一步优化人口结构，推进实施人才强市战略，大力聚焦优秀人才，广州市制定了《广州市引进人才入户管理办法》。该办法指出引进人才入户坚持突出高端、以用为本、规范管理、方便快捷的原则，优先满足本市战略性主导产业、重点发展产业、总部企业以及其他鼓励发展的产业所需人才的入户需求。对于符合条件的引进人才，准予其配偶、未成年子女随本人同时迁入本市户籍。

第二，广东省政府积极主动地引进海外高层次人才，建立“不求所有、但求所用”的柔性引才长效机制。政府采取后资助的方式，用人单位先行支付引进海外专家的相关费用，再按照程序申请经费资助，资助经费用于补贴单位聘请专家所支付的薪酬。2019 年 4 月，广州市人力资源和社会保障局印发《广州市引进人才入户管理办法实施细则》，进一步放宽高学历人才、专业技术类人才的入户限制，硕士研究生、博士研究生学历人员在广州市只要有参保记录即可入户。政策进一步放宽了对全日制本科学历、研究生学历人才以及专业技术资格人才入户的年龄限制，其中，具有本科学历且有学士学位的人才入户年龄由 35 周岁放宽到 40 周岁；具有硕士研究生学历（含硕士学位）人才入户年龄由 40 周岁放宽到 45 周岁；具有博士研究生学历（含博士学位）人才入户年龄由 45 周岁放宽到 50 周岁；具有中级职称的专业技术资格人才入户年龄由 35 周岁放宽到 40 周岁；具有副高级职称的专业技术资格人才入户年龄由 45 周岁放宽到 50 周岁。

第三，广东省对于特殊的人才实施特殊的政策支持，做到了“特才特保”。对高层次优秀人才的引进实行人性化的户籍政策，在最短的时间内解决高层次优秀人才及其家属、子女的户籍问题，解除了人才的后顾之忧，让其在工作岗位安心工作；积极鼓励人才进行创业，发挥各种主体包括用人单位、高等院校、科研院所的资源优势，进行资源的充分利用和有效整合，鼓励留学人员到广东省进行创业，实施万名留学人员带项目来粤创业服务计划等，为留学人员创业活动的顺利开展提供政策支持。

第四，在广东省人力资源和社会保障厅人才服务局办事大厅设立广东省引进高层次人才一站式服务专区，安排专人负责受理引进高层次人才的公共服务项目申请材料，承办和代办有关手续，实行一站式受理、一次性告知、一条龙服务。在广东人才网设立广东省引进高层次人才一站式服务专区，尽快实现部门之间互联互通、信息资源共享和网上受理、网上办事，打造网上一站式服务平台。

5.4.2 培养人才的有关措施

第一，广东省政府对人才的培养提供充足的资金支持，设立“广东特支计划”专项基金。其中，对于杰出人才，每人一次性补助100万元，如培养成功当选中国科学院、中国工程院院士，广东省财政再给予新当选院士每人500万元工作经费和100万元(税后)住房补贴；给予科技创新领军人才、科技创业领军人才每人一次性补助80万元；给予百千万工程领军人才每人一次性补助50万元；给予教学名师、科技创新青年拔尖人才每人一次性补助30万元；给予百千万工程青年拔尖人才每人一次性补助10万元。同时，广东省政府将“国家特支计划”入选者纳入“广东特支计划”管理，按中央财政资助额度1∶1的标准，给予不超过100万元的资助资金。广东省政府充足的资金支持，为人才顺利开展各项活动提供了有力的支撑。

第二，明确培养人才的重点。近年来，广东省将培养人才的重点放在党政人才、企业经营管理人才和专业技术人才三支队伍中，集中力量办大事，下大力气加快对这三类人才的培养力度，取得了良好的成效。同时，广东省政府将培养人才的重点放在高层次人才的能力建设和技能提高上，注重对高技能人才和农村实用人才的培养，着力加强青年人才的培养力度，建立国民教育和终身教育互动的现代培养人才体系，强化各类人才的培训和继续教育工作。

第三，强化博士和博士后培养人才机制。广东省政府加大对博士和博士后的培养支持力度，实施青年优秀科研人才国际培养计划。比如，每年资助优秀在站博士后科研人员、申请进博士后流动站的应届博士毕业生到国(境)外高校、科研机构、企业的优势学科领域，合作开展博士后研究工作；每年选派优秀博士、博士后赴国(境)外开展短期培训和学术交流活动；每年选派优秀博士、博士后作为访问学者赴国(境)外访问进修、合作研究；提高在站博士后科研人员的资助标准；建立博士和博士后职称评审绿色通道，博士毕业生和在站博士后可直接申报副高级以上职称。

第四，打造急需的高层次培养人才平台，深入贯彻创新、协调、绿色、开放、共享的理念。广东省政府通过高层次培养人才平台，引导社会、市场多方主体参与到高层次培养人才的过程中，鼓励高层次人才之间的交流和合作，实现知识共享和资源的有效整合，推动协同发展；准确把握高层次人才的职业风险性，建立高层次人才安全体系，让高层次人才在良好的环境中进行探索和研究，充分激发高层次人才的积极性和主动性。

6 山东省重点用人单位引进人才与培养人才融合模式构建

笔者在对山东省重点用人单位引进人才和培养人才融合发展中存在的问题及原因分析的基础上，从重视引进人才过程、为培养人才奠定良好的基础，提高用人单位培养人才的质量，以及引进人才与培养人才融合中应注意的问题等三个方面构建了山东省重点用人单位引进人才和培养人才融合发展模式，为山东省重点用人单位引进人才、培养人才以及引进人才和培养人才融合工作的顺利开展提供有益参考。

6.1 重视引进人才过程，为培养人才奠定良好的基础

引进人才工作是培养人才工作顺利开展的前提，如果引进不来人才或者引进的人才不合适，则会对后续培养人才工作的顺利开展造成极大的障碍。现代管理学之父彼得・德鲁克认为，管理就是界定企业的使命，并激励和组织人力资源去实现这个使命。因此，甄选出合适的人才对于使命的实现具有极其重要的作用。

笔者在对山东省重点用人单位进行调研时发现，一些用人单位在引进人才的过程中存在很多问题。比如，大多数管理者在聘任人才时，往往会使用“先事后人”的方式，即依据用人单位现有岗位的具体情况或企业已经制定的发展战略，“一个萝卜一个坑”地引进人才、匹配人才，这种做法对引进人才的

数量造成了极大的限制，也严重影响了引进人才的质量。如果管理者在引进人才的过程中首先考虑的是如何引进合适的人才、想方设法引进企业需要的人才，然后根据人才的能力高低将其安排在合适的位置上，就能做到“人尽其才”，管理效率也会在很大程度上得到提高。下文主要从引进人才的基本原则、引进人才的基本内容、制定有效的引进人才流程、运用人才甄选工具提高人才甄选的精准度、注重招聘甄选中的激励等几个方面探讨用人单位如何引进合适的人才。

6.1.1 引进人才的基本原则

引进人才的基本原则是用人单位在引进人才的过程中制定的引进人才基本参考依据，是引进人才工作的指南针。在引进人才的过程中，必须要坚持一些基本的原则，这样才能从根本上保证引进人才的质量。总体来说，引进人才的基本原则主要包括宁缺毋滥、一旦发觉招错了人就应该当机立断、引进能自我激励的人才、引进德才兼备的人才等，下面进行具体分析。

(1) 宁缺毋滥原则。

宁缺毋滥原则指的是，在引进人才的过程中如果没有招到合适的人，那么宁愿这个职位空缺，也坚决不能为了补上空位而让不合适的人“上车”，人力资源管理部门要对聘用的人才进行严格筛选，直到招到合适的人才。这样做可以从根本上保证引进人才的质量。在这个过程中可能会出现一个问题，即如果团队内某个岗位长期引进不到合适的人才，就会影响到团队的正常工作和企业的正常发展。在这种情况下，管理者可以使用两种办法解决：第一，在现任上级领导的时间和精力允许的情况下，可以由现任上级向下兼任空缺岗位，完成岗位需要的工作任务。但是需要注意的是，上级领导不可能永远兼顾这个工作岗位，在上级兼任工作的同时一定要采取各种措施积极寻找继任人选。这种由上级领导兼任的做法，一方面可以有效消除短期内岗位空缺对企业发展造成的不利影响、解决企业发展的难题，另一方面可以使领导在兼任工作的同时了解该岗位的具体情况，特别是该岗位对人才的需求情况，通过领导的亲身体验，可以为该岗位招聘到合适的人才奠定良好的基础。第二，可以在空缺岗位的下级员工或单位内部其他部门的员工中，通过选拔等方式选择合适的下级或平级人才暂时扩大其工作职责，在空缺岗位做兼职。这样做一方面可以有效缓解岗位人才空缺的压力，使用人单位的工作能够正常进行下去。另一方面，下级或平级在兼任的过程中，领导可以对兼任员工进行考察，提高他们的工作能力，为后期人才的培养奠定良好的基础。

(2) 一旦发觉招错了人就应该当机立断。

在引进人才的过程中很可能会出现由于各种原因而引进了不合适的人才的情况，如果团队内进入了不合适的人才，管理者应该如何应对呢？可以继续将这个人才留在企业观察他以后的工作表现吗？答案是否定的。正确的做法应该是，管理者在最短的时间内做出决策，当机立断，趁早让不合适的人才离开单位。这是降低引进人才成本、避免用人单位损失扩大化的最佳做法。如果管理者发现了引进的人才是不合适的，还让该人才继续留在企业工作，不仅会使该人才无法承担现有的工作任务，还会对团队内其他成员工作的顺利开展和工作效率的提高造成阻碍，影响整个团队的工作业绩和单位的长远发展。由此可见，企业一旦引进了不合适的人才，就会在企业内部产生一系列不良的连锁反应，最终影响企业的正常发展，由此造成的损失往往是短期内无法弥补的。因此，作为企业管理者，必须有勇有谋，当机立断，从根本上保障引进人才的质量。

(3) 引进能自我激励的人才。

到底应该引进什么样的人才呢？在这个问题上，不同的管理者看法不同，每位管理者心中都有对人才评价的一杆秤，但是有一项基本的原则可供管理者参考，那就是引进能够自我激励的人才。真正优秀的人才通常都是善于自我激励的人才，能够自我激励的人才不仅会与管理者和团队的价值观保持一致，而且当他们在工作中遇到困难时非常善于进行自我激励，能够想尽办法去克服困难，向着既定的目标努力。善于进行自我激励的人才会因为自己出色的工作成绩而满足，会因自己与管理者保持了行动上的一致而兴奋，更会因为自己对团队与组织做出的贡献而骄傲和自豪,从而更加努力地工作,争取更大的进步。他们善于团结同事,能够充分调动起整个团队的工作积极性。对于这样的人才,管理者最应该做的就是,要给予他们充分的信任与授权,让他们能够充分发挥自己的才能,从而更加出色地完成工作。相反,如果一名员工需要管理者不断督促、提点、要求,对于领导交办的事情总是推三阻四,总是无法在规定的时间内完成工作任务,不能与团队内的其他成员相互配合,不能按时达成工作目标,在遇到困难时不能进行自我激励,那么管理者就不需要再犹豫,这样的员工对于整个团队来说就是不适合的人,管理者及时请他“下车”、让他离开企业才是最好的选择。

(4) 引进德才兼备的人才。

很多用人单位在引进人才时往往只看重人才的技术水平、能力水平,而对人才的道德素质不太看重。作为管理者,应该认识到用人单位真正需要的是德才兼备的人才,应该把德才兼备作为引进人才的一个重要判断标准。德才兼备指的是,一名优秀的人才既需要具备良好的思想品德修养,又要具有较强的工作才干和工作能力。企业在引进人才的过程中,必须要从德和才两个方面对人才进行全面衡量和评价,既不能只看品德而忽视才能,也不能只重视才能而忽视品德。通过对品德的衡量可以考察人才是否具备基本的思想道德素质,通过对才能的衡量可以判断人才是否具有完成工作任务的基本能力。只有德和才两方面兼顾,才能确保所引进的人才既是品德高尚的人才又是知识技能水平高的人才,才能确保企业拥有一支综合素质较高的人才队伍,才能为企业的长远发展提供良好的人才支撑。

6.1.2 引进人才的基本内容

(1) 确定候选人必须符合的人才标准。

在引进人才过程中,用人单位首先要知道自己需要的人才是什么样的,也就是要确定所要招聘的人才应该符合什么样的人才标准。这就需要用人单位制定自己的人才判断标准,再通过对人才的各种考核来确定人才是否符合人才标准。目前,用人单位所采用的人才标准主要包括德和才两个方面。从德的方面来看,用人单位一般要求候选人不仅要认同企业的价值观,而且对于不同层次人才的德的标准也是不同的。比如,如果企业需要引进的是高级人才,就要求该高级人才在工作中能够起到模范带头作用,能够成为践行企业价值观的楷模;如果企业需要引进的是中级人才,该中级人才的行为就应与企业价值观相一致;如果是引进初级人才,该初级人才在工作中就要做到遵守企业价值观,不做违背企业价值观的事情。从才的方面来看,用人单位一般要求候选人要具备应聘岗位所需的基本的知识技能水平。比如,宣传部门引进的人才必须要具备较强的与企业内外部各方面的沟通能力和人际关系协调能力;研发部门引进的人才必须具备较强的科技研发能力,要能够根据市场需求不断研发出新技术、新产品,能够带动团队成员较好地完成科研任务,还要具备较强的创新能力,始终追求发展和创新;市场营销部门引进的人才要对国内外市场具有较强的敏感性,善于捕捉市场需求,能够提高企业的销售业绩。

(2) 确定候选人来源。

确定候选人的来源是人才选拔的重要前提,只有确定了候选人的来源,用人单位在引进人才时才能根据人才的来源渠道制定相应的引进人才政策。人才来源的渠道可以概括为两种,一种是外部引进,另外一种是内部提拔。在确定候选人来源时,要根据是从外部引进还是内部提拔予以区别对待。外部引进人才的渠道主要包括在校实习生、员工推荐、公司离职的员工、退休人员返聘、竞争对手公司、社会公开招聘、中高级人才中介机构、行业或专业交流平台、合作过的机构或个人等。用人单位在招聘人才时一定要结合所要招聘的岗位特点和对人才的需求情况,选择合适的外部引进人才渠道,这样才能有效地确保引进人才的质量。如果采取内部提拔的方式选拔人才,就需要明确应该从什么范围内进行人才提拔,提拔的人才标准是什么,提拔的人选有哪些,提拔后原来的岗位由谁来接替等。

(3) 确定引进人才的具体考量方式。

在引进人才的过程中，要通过具体的考量方式对人才的综合素质和综合能力加以全面考核，以充分确保引进人才的质量，从根本上为企业的发展奠定良好的人才基础。目前，用人单位所运用的人才考量方式有很多，主要包括：简历筛选、面试、背景调查、测试、评价等。通过简历筛选，将人才的简历与企业的具体岗位要求相比较，可以初步把不符合企业要求的人员排除在外，减轻后期人力资源管理部门在招聘中的工作强度；通过面试，企业管理层可以与应聘人员进行面对面的交流与沟通，进一步深入了解人才的技能水平和综合素质的高低，检验简历的真实性，判断该人才是否是企业需要的人才；通过背景调查，可以从人才的毕业院校或以前的就业单位了解人才的相关真实信息，以便对人才进行更加准确的判断；通过相关测试和评价，可以对人才的知识技能水平进行合理的评判，进一步确保引进人才的质量。通过这些具体的考量方式可以为用人单位聘用人才提供有益的参考，为用人单位招聘到合适的人才奠定良好的基础。

在确定引进人才的具体考量方式时，用人单位需要注意的是，这些考量方式之间既有可以通用和互相借鉴的地方，也有很多不同之处。比如，在进行高层次引进人才时，这些人才的技能水平和综合素质较高，没有必要采取简历筛选的考量方式，可以只采取背景调查和面试的考量方式，以有效地节约时间和成本，提高引进人才的效率；在进行中级人才的引进时，为了准确判断人才的真实水平和真实能力，除了采用面试和背景调查这两种方式外，还需要借助适当的测评工具进行测评；在进行初级人才的引进时，往往程序较为复杂，需要通过简历筛选、面试、考试等多种方式进行全面的考量，以筛选出企业最需要的、与岗位需求相适应的人才；在进行特定岗位的引进人才时，往往需要人才具备某些关键能力，如影响力、领导力、执行力等，因此，经常会用到特定的人才考量方式，如评价中心的即席发言和无领导小组讨论，这两种方式可以帮助用人单位更加迅速有效地选拔出特殊人才。

(4) 确定引进人才过程应包含的阶段及每阶段的内容。

确定了引进人才的具体考量方式后，就进入了人才招聘的过程。人力资源管理部门的管理者要准确把握引进人才的过程具体包括哪些阶段，以及每个阶段的具体内容，这样才能使招聘工作按照既定程序有条不紊地进行。引进人才的总体过程包括简历筛选、电话或视频面试、现场面试、面试反馈、招聘委员会审核、高管审核、薪酬委员会制定薪酬方案、高管最终审核、发送录用通知等。人力资源管理部门要结合引进人才的层次和招聘岗位的特点确定合适的引进人才过程，并应明确在每个流程中考核的侧重点和具体的考核内容。比如，在简历筛选阶段，人力资源管理部门要重点查看应聘人员的以下信息：① 个人基本信息，包括学历、资格水平、年龄、性别等；② 意愿类信息，包括期望工作的地点、薪资要求、岗位要求等；③ 经历类信息，包括教育背景、工作履历等；④ 其他信息，包括家庭关系、社会关系、工作成就、获得的荣誉等。在对人才进行现场面试时，要想在有限的时间内较为准确地了解应聘人员的综合水平，面试人员对面试的内容必须有所侧重，要注重对人才的仪表、专业技术水平、工作经验、语言表达能力、对于复杂问题的综合分析能力、在应对突发状况时的反应能力与应变能力、和团队成员相互协作能力、工作态度和自我控制能力，以及情绪稳定性等方面的考察。以电话或视频面试为例，电话或视频面试的优点是可以进行跨越空间的沟通，节约时间和成本。但是，电话或视频面试也存在很大的缺点，面试人员和应聘人员无法进行面对面的交流，面试人员无法全面掌握应聘人员的综合表现。为了达到最佳的面试效果，企业人力资源管理部门一定要提前准备好视频工具，要选择质量好的视频工具，确保视频面试的质量；工作人员要提前试音，防止音量不合适而影响应聘人员的情绪，确保面试过程顺利进行；在视频面试的过程中，要选择安静的面试环境，避免影响沟通效果和应聘人员的正常发挥；面试人员要注意观察应聘人员的表现，根据面试的进展及时调整面试问题，必要的时候要适当地引导应聘人员往正确的方向答题，避免面试陷入僵局。

（5）确定各阶段应参与的工作人员及其工作职责和工作方式。

在引进人才的不同阶段，参与的工作人员可能是不同的，因此，事前必须要明确各阶段应参与的工作人员有哪些，并确定好参与人员的工作职责和工作方式。参与引进人才的工作人员通常包括人力资源专业人员、业务部门的招聘专员、未来的直接主管和高一级的主管候选人、未来需要共事的同部门和其他部门的资深员工等。不同的工作人员在引进人才的不同阶段发挥的作用是不同的。以简历筛选阶段为例,简历筛选只是对引进人才的基本条件进行初步筛查,流程相对简单,为了节省人力、物力,在这个阶段一般只需要人力资源专业人员和业务部门的招聘专员参与就可以了。与简历筛选阶段不同,现场面试是通过和面试者进行面对面交流,深入具体地了解应聘人员的综合素质水平,这个阶段往往是决定是否最终录取人才的关键。因此,这个阶段通常需要面试者未来的直接主管或者高一级的主管候选人参与,他们可以通过更加专业的方式全面了解面试者的综合素质,做出更加准确的判断。除了确定每个阶段参与的工作人员外,还要进一步明确这些工作人员在参与人才选拔的过程中应该履行的职责、采取的工作方式,以及具体的工作内容;要通过采取有效的监控措施,确保招聘过程的每一个阶段都是公平、公正的,确保招聘的公开性、透明性,确保高质量的人才能够得到任用。

6.1.3 制定有效的引进人才流程

有效的引进人才流程是引进人才质量的重要保障,用人单位在引进人才的过程中必须做到严格遵循基本流程,按照每个流程的基本要求完成工作任务。引进人才的基本流程包括初审、面试、背景调查、评价与分析等,下面进行详细介绍。

(1) 初审。

对人才进行初审是用人单位引进人才工作的第一个环节,初审的流程直接影响引进人才其他环节的开展,也影响最终的引进人才结果。因此,人力资源管理部门对于初审环节必须高度重视,绝对不能掉以轻心。特别是较为知名的和比较有影响力的企业,他们不仅能够提供较高的工资薪酬待遇,而且能够为人才的发展提供良好的机会和空间,这些企业的招聘简章公开发布后,往往能够吸引众多应聘人员递交简历,但这些应聘人员的能力水平参差不齐，为了确保能够招聘到优秀人才，人力资源管理部门从初审环节对人才的质量进行总体把关就显得尤为重要。企业的人力资源管理部门必须针对不同岗位的特点设立相应的人才入选的最低门槛。比如，对于需要引进的技术人员，要明确应聘人员必须拥有什么样的技术资格证书、达到什么样的学历水平等；对于市场营销人员，要明确应聘人员具备什么样的工作经验、具有什么样的人际沟通能力等。应聘人员应按照企业设置的岗位递交相关支撑材料来证明自己的能力水平。人力资源管理部门在开展人才招聘工作之前，必须根据企业的实际情况、所要招聘岗位的具体情况以及可能参加应聘的人员的基本情况确定人才的初选标准。比如，企业要招聘市场部门经理这个岗位，可以将应聘人员的基本条件规定为：研究生学历、硕士学位、具有五年以上工作经验、近三年绩效为良好以上等。通过基本条件的设定，可以把不符合条件的人才直接排除，以提高人才招聘的效率。

在初审的过程中尤其需要注意对简历的筛选。简历筛选具有重要的意义，它可以考量人才背景与企业具体的人才需求之间是否具有相关性，对企业引进合适的人才具有重要的参考意义。简历的内容通常包括：姓名、联系方式、岗位意向、工作和社会实践经历、受教育经历、特长、兴趣爱好、获得的荣誉和突出成就等。企业的人力资源管理部门在筛选简历时，既要重视简历的数量，更要重视简历的质量。企业收到的简历数量多，说明企业的品牌吸引力大，在人才市场上的竞争力强，这样的企业成功引进符合岗位需求或人才标准的优秀人才的概率就大。如果应聘人员的简历质量高、针对性强，人力资源管理部门可大大提升简历筛选的效率。人力资源管理部门提高简历筛选效率的方法有以下几种：首先，为确保应聘人员提供针对性较强的简历，方便查阅和筛选，人力资源管理部门可以根据企业的具体情况设置相对固定的简历格式让应聘者填写，以便企业能够在最需要关注的方面对应聘人才有更到位、更准确的了解。比如，在简历中可以要求应聘人员重点介绍自己的工作经历、工作经验和所取得的工作业绩等。通过这种方式，可以使企业对应聘人员的基本能力有总体的把握，为后期面试工作的顺利开展奠定良好的基础。其次,人力资源管理部门在筛选简历时,可根据应聘岗位的具体需求情况有侧重地加以关注。比如,在招聘研发部门人才时,人力资源管理部门筛选简历时应重点关注应聘人员的社会实践经历、研发成果、获得的相关荣誉和突出成就等方面。再次,在简历的筛选过程中,要侧重于选择那些综合素质较高、各方面协调发展的人才,要综合考虑应聘人员的个人意愿和企业的实际情况。

(2) 面试。

初审阶段结束之后,对于那些顺利通过初审的人才,人力资源管理部门需要组织相应的面试进行深入的了解和甄选。初审的目的是对应聘人员的基本情况有个大体的了解,为面试奠定良好的基础。面试最重要的意义是,通过与应聘人员进行面对面的沟通和交流,进一步了解应聘人员的综合水平和内心的真实想法,特别要了解应聘人员的价值观与企业的价值观是否相一致、应聘人员的技能水平与应聘岗位的具体要求是否一致、应聘人员自身的发展需求与企业的长远发展规划是否一致。面试在人才招聘过程中具有非常重要的意义,面试工作的质量直接决定了引进人才的效果,影响着企业的长远发展。为了取得良好的面试效果,用人单位在面试时应注意以下几点。

第一,在面试工作正式开始之前,面试人员要通过查看简历等方式对应聘人员的基本情况有总体上的把握,比如应聘者的受教育程度、工作经历、工作技能等,为后续面试工作的顺利开展奠定良好的基础。面试人员要结合应聘人员的基本情况,在面试开始之前有针对性地准备面试的题目,可以事先就把面试题目准备好,这样做既可以节省面试的时间、提高面试的效率,也便于在面试时有效地延伸,从而更加深入地、有针对性地了解应聘人员的情况,取得良好的面试效果。人力资源管理部门可以事先通过工作分析的方式,研究招聘岗位所包含的具体的工作内容和工作责任,明确承担这项工作的人员必须具备的知识和能力,形成岗位说明书,使应聘人员通过岗位说明书能够清晰准确地把握岗位的具体要求。人力资源管理部门还可以通过建立岗位的胜任特征模型,将招聘岗位中表现优秀者与表现一般者区分开来,并以此为基础准备难度适宜的面试题目。在面试的过程中，为了提高面试的效率，面试人员应立足于前期初审过程中获得的应聘者的基本情况，就应聘人员应聘岗位的具体需求深入、专业地与对方展开沟通交流，以准确地获得应聘人员的特点、取得的成就及其对未来的设想等一手资料。通过面试获得应聘人员的总体情况后，企业通过对照实际需求和应聘人员的岗位需求，对所获取的资料进行综合评估，以全面考核应聘人员是否符合企业的要求、是否是企业需要寻找的人才。

第二，在面试的过程中，面试人员要根据应聘人员的具体情况有针对性地与应聘人员进行交流，以获取有效的关键性信息。在与应聘人员进行交流沟通时，面试人员要注意应针对不同经验、不同经历的应聘人员采取不同的交流方式。比如，在与工作经验较少的年轻人交流时，应重点关注他们的教育背景、知识技能水平和个人素质。如果是学历较高的年轻人，要把他们从本科开始的各个阶段的学习背景都了解清楚，包括具体的专业领域、在学校期间获得的荣誉等。要想选拔出德才兼备的人才，面试人员必须格外关注年轻人的道德水平和心理状态，要通过有针对性的问题了解应聘人员是否具有健康向上的心态和积极的工作态度，是否具有正确的价值观和良好的职业修养等。对于经验丰富的专业人才，面试人员在面试过程中应深入了解他们近几年所取得的业绩和做出的贡献情况，面试人员可以把企业当前发展中出现的一些具体问题告诉应聘人员，了解他们对于这些问题的具体看法，看看他们能否提出有效的解决对策。在面试的过程中，面试人员还要重点了解应聘人员的技术水平和创新能力，为企业引进高层次的优秀专业技术人才奠定基础。

第三，在面试阶段，面试人员要注意运用“二八原则”。“二八原则”是指，面试人员在面试的过程中要将 80%的时间用来认真听取应聘人员对于问题的回答，将 20%的时间用来发表自己的见解。在面试过程中，只有把主动权交给应聘人员，通过应聘人员详细的回答，面试人员才能了解应聘人员的具体情况。如果面试人员在这个过程中不分主次，将过多的时间用于发表自己的观点，必然会打乱应聘人员的思路，难以取得良好的面试效果。面试人员在面试过程中一定要注意面试技巧，尽量使用开放性的提问方式向应聘人员发问。向应聘人员发出提问后，面试人员要将更多的时间交给应聘人员，让应聘人员有充足的时间能够全面地阐述自己的基本情况和对面试人员所提问题的具体看法，面试人员一定要明确自己扮演的角色和所处的地位，要知道自己只是提问者、是引导者，应聘人员才是面试的主体。当然，面试人员在面试过程中不能只是被动地倾听，要及时给予应聘人员适当的引导，只有这样，面试人员才能从应聘人员的回答中获得有用的信息，并以此判断应聘人员是否与企业需求的理想员工相契合。总之，在整个面试过程中，面试人员应该站在倾听者的角度耐心地观察应聘人员的具体表现，并适时给予提示、启发、引导，准确地记录应聘人员的各种表现，对应聘人员的优缺点进行总体评价，以此作为后期是否聘用该人才的重要参考。

第四，注意面试中的沟通方法。面试过程中的沟通方法直接决定面试的效果，面试人员要结合应聘人员的特点以及面试的具体方式选择合适的沟通方法。目前，面试的方式主要有开放式面试、结构化面试、半结构化面试，不同的面试方式适用的沟通方法不同，面试人员要在面试前对于采取什么样的沟通方法做到心中有数。因此，专业的面试人员平时要注意研究、总结不同的面试方式中适用的沟通方法，并在面试过程中加以灵活应用，面试的效果就会越来越好。

开放式面试一般没有既定的模式、框架和程序，面试人员可以根据面试的具体进展情况“随意”向求职者提出问题，根据求职者回答问题的灵活性和准确性来判断他们的基本技能水平和综合素质高低。当然，“随意”提问并不意味着面试人员可以不着边际地随意发挥，面试人员所提的问题不应该脱离企业对应聘岗位的选才标准，一定要结合应聘岗位的基本要求提出问题，要以考察应聘人员的基本知识技能水平和综合素质为目的。开放式面试对面试人员和应聘人员的要求较高，一般要求面试人员具有丰富的识人经验和较强的沟通能力，在面试的过程中能充分激发出应聘人员的能力水平；应聘人员通常是职位或资历较高的人员，这些人员的能力较强，通过开放式面试能更加自由、全面、充分地发挥自身的潜能。目前，用人单位在引进高层次人才时普遍采用开放式面试，其灵活性较强、更加开放自主的特点，更容易引起高层次人才兴趣，可以激发高层次人才的积极性和主动性；面试人员也可以灵活掌握提问的节奏、内容、广度和深度，从总体上把握整个面试过程，在与应聘人员"随意"的沟通氛围中充分激发应聘人员的潜能，使应聘人员充分展示真实的自我。但是，如果面试人员缺乏经验，就无法掌控整个面试局面，甚至会使面试陷入混乱。同时，应聘人员在开放式面试中展示较多，面试人员往往需要花费大量的时间才能从应聘人员提供的信息中获得所需要的有用的信息。

结构化面试是企业最常用的一种面试方式，它是根据用人单位特定职位的胜任特征要求，遵循相对固定的程序，采用事先准备好的专门的题库、评价标准和评价方法，在面试过程中通过面试小组与应聘人员进行面对面的言语交流等方式，评价应聘人员是否符合招聘岗位要求的一种人才测评方法。结构化面试程序相对复杂，其构成要素主要包括面试的内容、形式、程序、评分标准，以及结果的合成与分析等方面。结构化面试往往有着较为严格的要求，比如为了确保面试的公平公正，面试人员在面试之前要明确测评的维度都有哪些方面，而且要在每一个测评的维度上事先编制好面试题目，然后根据每一个具体的面试题目制定相应的评分标准，再根据应聘人员在面试过程中的具体表现，结合评分标准对应聘人员进行具体的评价和打分。这样，可以从根本上确保打分的公平性和公正性。一般而言，在进行结构化面试之前，面试的大部分问题会被编成题库，各个问题都会有相对灵活的参考答案和评价标准，面试人员在面试过程中结合抽取的题目灵活运用。需要注意的是，题库中题目繁多，尽管每次面试人员所选择的问题会有所不同，但是目的都是一致的，即考察应聘人员的能力是否符合岗位的需求。

半结构化面试是介于开放式面试和结构化面试之间的一种面试方式，也是面试过程中经常使用的一种方式。半结构化面试通常包括两种方式：一种是面试人员提前准备好面试过程中需要提出的重要问题，但在面试过程中不需要按照固定次序提问，可以结合每位应聘人员的特点灵活提问，并可以根据应聘人员的发挥等具体情况随时展开深入讨论，以获得更加全面有效的信息；另一种是面试人员根据不同的工作类型和工作岗位的特点，设计、制作不同的问题表格，事先设计好有关问题，在面试过程中根据表格中的问题向应聘人员依次发出提问，以获得面试人员需要的信息。半结构化面试结合了结构化面试和开放式面试两者的优点，有效避免了单一方法上的不足，因此被用人单位普遍采用。半结构化面试具有良好的双向沟通性，面试人员和应聘人员可以进行充分有效的沟通，面试人员可以获得应聘人员有关知识技能和综合素质方面更为丰富、更加完整和更为深入的信息，为最终是否录用提供有效的信息参考。同时，半结构化面试可以做到内容的结构性和灵活性相结合，可以充分挖掘应聘人员的潜能，可以更加真实地反映应聘人员的水平。

第五，为了取得良好的面试效果，人力资源管理部门必须在面试沟通中注意避免一些常见的错误，包括晕轮效应、刻板效应、近因效应等。晕轮效应是面试人员在面试过程中容易出现的一个错误，它是指当面试人员对某应聘人员的某种特征形成好的或坏的固定印象后，面试人员便会倾向于据此印象推论该应聘人员其他方面的有关特征。比如，在面试过程中，有的面试人员往往会凭借对应聘人员的第一印象对应聘人员下结论，那些给面试人员留下较好的第一印象的应聘人员即便在面试中表现不佳往往也会得到较高的面试分数，而那些给面试人员留下较差的第一印象的应聘人员即使在面试中回答较好也往往难以获得面试人员的好感，分数也往往不高。这种凭借面试人员的主观感受对应聘人员做出判断的行为就是晕轮效应的体现，这对应聘人员来说是极不公平的，面试人员必须摆脱晕轮效应的不利影响。

总之，面试是面试人员对应聘人员的主观评价，是面试人员凭借主观感受对应聘人员的知识技能水平和综合素质的高低做出的综合判断。因此，作为面试人员，在面试过程中要时刻警惕自身主观因素给应聘人员带来的不利影响，务必确保面试的客观性、公平性、有效性，尽最大努力为企业招聘到最合适的人才，为企业的长远发展奠定充足的人才储备。

(3) 背景调查。

为保证企业能够招聘到合适的人才，企业在招聘过程中往往会运用多种方法对应聘人员提交资料中所描述的过往业绩、工作经历、获得的荣誉等各方面的信息进行认真调查核实。其中，背景调查是一种非常重要、非常有效的方法，是确保招聘质量的重要手段之一。背景调查是指通过搜集应聘人员原来所处环境中的相关信息来核实应聘人员个人资料的一种方法，是能直接证明应聘人员真实情况的有效方法。近年来，越来越多的企业在对关键岗位的人才进行招聘时都用到了背景调查这一方法，达到了良好的招聘效果。通过背景调查，企业可以进一步证实应聘人员的学历真伪、职业生涯状况、离职原因、有无犯罪记录等，并以此作为是否招聘该人才的一个重要依据。虽然背景调查的进行有时需要耗费企业大量的人力、物力、财力，但成功的背景调查，不仅能够使企业的招聘风险大大降低，而且能够有效地预防欺诈、降低企业的招聘成本，为企业的招聘工作把好关，并从根本上确保引进人才的质量。

为了保证背景调查工作的顺利开展，企业需要注意以下几点：首先，在进行背景调查前，人力资源管理部门一定要以书面形式征得被调查人员的同意，这项工作可以在应聘人员填写求职申请表时进行，即在申请表中设计好是否同意进行背景调查这一栏，在征得被调查人员同意的基础上开展背景调查。在进行背景调查前，人力资源管理部门要界定调查问题的范围，应该将调查的重点放在应聘人员的学历及工作表现、工作业绩等方面，应聘人员的个人隐私问题不要涉及。在进行背景调查的过程中，一定要做好详细记录，以便作为后期是否录用的重要依据。在背景调查的调查对象选择方面，应该优先选取应聘人员的前任上司或以前的同事，这些人员跟应聘人员有过较多的工作接触，对应聘人员的品行和工作能力会有深刻的了解，这些信息会比从其他渠道获得的信息更具参考意义。其次，背景调查主要适合于关键岗位人才的招聘。在企业进行关键岗位人才选拔时，候选人一旦通过面试，招聘方就要尽快确定背景调查的对象，尽可能在最短的时间内进行背景调查，以确认其简历和其在应聘过程中陈述的重要事实是否属实,尽快确定是否录用该人才,防止优秀人才的流失。

总之,通过背景调查可以从多个方面了解候选人的经历、能力和为人,为企业招聘关键人才提供重要参考,进一步印证应聘人员与企业人才标准的符合程度。因此,企业人力资源管理部门必须熟练运用背景调查。

(4) 进行最终的评价与分析。

通过面试和背景调查两个环节后,用人单位一般会找到几位比较适合岗位需求的应聘人员作为招聘的候选人,这时人力资源管理部门就要对候选人进行最终的评价与分析,以确定最终的人选者。对面试人员而言,越到最后选择往往越困难,因为留在最后的一般都是能力很强的人才。在进行最终的评价与分析这个环节中,最忌讳的就是面试人员单凭个人喜好等主观因素做出选择。面试人员务必要做到公平、公正,要彻底摒弃个人喜好对人才判断和人才选拔的不利影响,要站在是否有利于企业长远发展的角度做出最后的判断。为防止面试人员主观判断所带来的不利影响,在对应聘者进行最终的评价与分析时,应将候选人与企业空缺岗位的"理想员工"进行对比,对候选人从德、能、勤、绩等方面进行更加仔细的评价和分析,全面考察每一位候选人的综合素质水平,对每一位候选人进行打分、排序,最终从候选人中选出最合适的人才。

在对应聘人员进行最终的评价与分析过程中,为了取得良好的效果,面试人员需要注意以下几点:首先,面试人员在对应聘人员进行评定打分时要多利用在面试阶段所获得的有效信息,确认该人选是否符合"理想员工"的模样。面试人员通过将候选人的真实信息和在面试中的表现与企业的岗位需求和期望进行对比,综合评价候选人。在对应聘人员进行评价和分析后,如果有两位候选人符合要求且能力不相上下,面试人员难以取舍,这时面试人员可以以其中一位候选人为基点,综合这位候选人的所有评价结果对其进行综合打分,得出一个整体的印象,然后将其整体印象与另一位候选人的具体评价结果进行对比,从而判断出哪一位候选人更符合企业的期望和实际需求。其次，对候选人进行了最终的评价与分析，并确定了所要选择的候选人之后，并不意味着招聘工作结束，面试人员还必须通过多种渠道证实自己所选择的人才是正确的，是符合企业长远发展需要的。面试人员可以再次采取多种方式进行确认，比如通过打电话到对方之前供职的单位，或找到候选人的前任上司以及同事，对于所关心的相关问题再次进行询问，以便更加详细地了解候选人以前的具体工作情况，进一步判断对方是否是值得信赖的人、是否是企业需要的人。面试人员不必过于顾虑能否获得有益的信息，因为同属管理角色，应聘人员以前的上级领导往往会很乐意提供一些真实的情况或者有效的建议。

6.1.4 运用人才甄选工具提高人才甄选的精准度

在人才招聘过程中，人才甄选的精准度直接决定了引进人才的质量。如何减小引进人才的误差、提高人才甄选的精准度呢？这需要人力资源管理部门在人才招聘的过程中充分运用人才甄选工具。选用合适的人才甄选工具，不但可以有效地提高人才甄选的精准度，而且能够提高人才甄选的效率、保证人才招聘的效果。

人才甄选的工具有很多，目前企业管理者最常用的人才甄选工具是复合漏斗模型。复合漏斗模型是基于个人能力素质的整合性评估，是管理者在人才甄选过程中既简洁又有效的技术操作模式，其具体操作过程可以分为以下四个层次。

第一层：知识技能过滤。该层次属于复合漏斗模型中最简单的一层，也是人才考察过程中的第一步。在知识技能过滤层，管理者可以根据人才的专长，分门别类地建立起人才试题库，试题库要针对企业不同的职位需求进行及时的更新与维护，以便企业在招聘人才时使用。

第二层：行为能力过滤。这一层次主要是对人才过去的工作行为以及现在的具体行为表现进行考察。该层次的考察重点在于，通过询问应聘人员过往的工作经验、工作业绩以及对当前所应聘岗位的具体看法，仔细观察应聘人员的表现，从而充分了解应聘人员是否具备应聘岗位所需的工作能力。

第三层：人格深层次类型过滤。这一层次主要是针对应聘人员的人格类型、性格特质与行为动机进行具体的评价，其目的在于判断应聘人员的个性与职位能否实现最佳匹配。人格深层次类型过滤层是招聘人才是否成功的关键一层。人格往往会对一个人的成功起到决定性作用。不同的人才在所必需的知识、经验、技能与行为能力差异不大的情况下，由于人格类型不同，最终可能会导致完全不同的发展结果。

第四层：核心文化过滤。这一层次从应聘人员的核心素质类型与企业文化的匹配程度展开，对企业招聘人员有着非常重要的作用。如果人才没有通过这一层次的考核，则表明人才的文化适应度不佳，人才与企业的价值观不相符，人才将来在公司的绩效表现也会不佳。

需要注意的是，任何一种人才甄选工具都不是永远有效的，随着企业的发展，人才甄选的工具也要不断地更新，企业在人才甄选的过程中可以结合自身的需求对相关人才甄选工具进行适当调整，也可以与其他人才甄选工具配合使用，以有效地提高人才甄选的效率，降低人才甄选的成本。

6.1.5 注重招聘甄选中的激励

笔者通过实地调研发现，目前山东省一些重点用人单位人才流动性较强，很多用人单位由于急于招聘人才，招聘甄选工作做得很不到位。其中，招聘甄选中的激励不够是导致企业难以辨别人才质量、招不到适合企业发展的人才的主要原因。因此，为了提高培养人才的质量，必须注重招聘甄选中的激励，从源头上把握人才招聘的质量。招聘甄选中的激励对人才招聘工作具有重要意义，它所要解决的主要问题是如何激发应聘人员对用人单位的兴趣，如何提高应聘人员对用人单位的认同感，如何最大程度地激发应聘人员加入用人单位的动力。要做到招聘甄选中对人才的有效激励，人力资源管理部门需要注意根据应聘人员的类型把握应聘人员的需求、要注意展现招聘人员自身的综合素质、在面试过程中要与应聘人员坦诚相见。

(1) 根据应聘人员的类型把握应聘人员的需求。

根据应聘人员的类型把握应聘人员的需求是对人才进行激励的基本前提。在招聘过程中，人力资源管理部门要认真阅读和核查应聘人员的简历，根据企业岗位空缺情况对所有应聘人员进行初次筛选，初步寻找出企业需要的人员。然后根据应聘人员的类型把握好应聘人员的需求，在此基础上给予他们不同的激励方式，以吸引优秀人才的加入，为培养人才工作的开展奠定良好的基础。

一般来说，应聘人员不外乎两类，一类是刚刚离开校园的初次求职者，另一类是有工作经验的再次求职者。这两种人才的需求不同，企业制定的人才激励方式也应该有所区别。

对于刚刚走出校园的大学毕业生而言，他们大多数朝气蓬勃，对未来充满了美好的憧憬和希望，渴望尽快融入工作中，以充分展现自己的各种技能。他们大多勤奋好学，团队意识较强，善于与别人合作，能够认真向别人请教，在工作中进步较快。因此，用人单位必须抓住大学生的需求，想方设法吸引优秀大学生加入，从而为用人单位的发展注入新的生机和活力。但是，大学毕业生也有一些缺点。他们刚刚踏上工作岗位，接触社会的时间较短，普遍对自己的能力估计过高，缺乏现实的磨炼，承受挫折的能力较低。很多大学毕业生有很高的物质待遇期望，在初次求职的过程中往往更看重企业的薪酬待遇等物质方面，将薪酬水平的高低作为自己初次择业的第一标准。因此，用人单位为了吸引优秀大学毕业生的加入，在招聘过程中尤其要注重宣传企业文化、描绘企业发展前景，对于确实优秀的大学毕业生可以提供较高的薪酬福利，防止人才流失。

与初次求职者相比，那些有工作经验的重新择业者显得更为现实和成熟。由于具有相关工作经验，他们对自己有着较为客观的评价，了解自己在工作中的优点和不足，对自己有着更为清晰的把握和定位，再次择业往往较为理性，目标往往也比较明确。他们会通过各种渠道了解所应聘企业的情况，并判断是否与自己的需求相一致。他们会为应聘进行充分的准备，往往得到用人单位的青睐。同时，他们看重的不只是物质报酬的高低，长期发展的机会和良好的企业文化及工作氛围成为他们较为看重的因素。因此，用人单位要通过简历了解他们曾经就职过的企业、了解他们选择跳槽的原因、了解他们的内心需求情况，并结合企业自身的需求有针对性地制定激励措施，才能吸引优秀人才加入企业。

(2) 要注意展现招聘人员自身的综合素质。

在人才招聘过程中，我们的关注点不应该仅仅局限于应聘人员，还要注意招聘人员对招聘工作所产生的重要影响。招聘人员综合素质的高低对于吸引应聘人员将发挥重要作用。招聘人员的素质代表的不仅是招聘人员自身，还代表整个企业。在企业招聘工作中，如果招聘人员显示出较高的综合素质，就会给应聘人员留下良好的印象，让应聘人员觉得企业员工的综合素质较高、企业的文化氛围较好，认为该企业的发展前景良好。这在一定程度上为人才肯定该企业、选择该企业奠定了良好的基础。相反，如果招聘人员在招聘的过程中形象不佳、所表现出来的综合素质不佳，就会给应聘人员留下不好的印象，让应聘人员觉得在该企业是没有发展前途的，很可能最终就不会选择在该企业就业。

优秀的招聘人员应该具备哪些素质呢？首先，优秀的招聘人员要具备扎实的专业基础知识，在与应聘人员进行交流时要充分展现出自己的专业素养，要尽量使用专业术语与应聘人员进行交流，以便给应聘人员留下深刻的印象。如果招聘人员向应聘人员提出的问题不够专业，或者应聘人员在提出有关问题时招聘人员无法及时、准确地给予回应，不能为应聘人员提供专业化的建议，那么整个企业给应聘人员留下的印象就会大打折扣，不仅会让应聘人员觉得企业对应聘人员不够重视，还会让应聘人员对企业的整体实力产生怀疑。其次，优秀的招聘人员应该具有较强的语言表达能力。语言表达能力是人力资源部门每一位员工都应该具备的基本能力。在面试的过程中，应聘人员主要通过招聘人员的语言表达来认识和了解企业的总体情况，招聘人员良好的语言表达能力是应聘人员认识、认同企业的第一步。为了达到良好的语言沟通效果，招聘人员在与应聘人员进行交流时，要注重从企业的规章制度建设、文化建设、引进人才政策、在本行业所处的地位、薪酬待遇水平等多方面加大对企业的宣传力度，也可以将本企业与其他同类企业进行对比，以显现本企业的优势。总之，招聘人员所要做的就是通过自己较强的语言沟通能力使应聘人员在认可本企业的同时选择本企业。

在调研中我们发现，目前，山东省一些重点用人单位的招聘人员自身存在很大的问题，一些企业缺乏专业化的招聘人员，招聘人员没有进行系统化、专业化的训练，缺乏招聘经验和专业知识，综合素质也不是很高，在招聘的过程中与应聘人员的交流不够顺畅，给企业招聘工作的顺利开展造成了很多不利影响。因此，为了吸引人才，特别是吸引优秀的高层次人才的加入，用人单位必须着力培养一批综合素质较高的招聘人员。招聘人员在招聘工作开始前要做好充足的准备工作，要准备好招聘所需的各种资料，包括岗位要求、岗位职责、薪酬福利等，并熟练地掌握这些资料的基本内容，以便招聘过程中能够流利地回答应聘人员的有关问题；在招聘过程中，招聘人员对应聘人员提出的问题要耐心地回答；当应聘人员回答问题时，招聘人员要注意认真倾听，避免随意打断或者交头接耳；对于应聘人员回答错误的问题，招聘人员要态度诚恳地给予纠正，要让应聘人员感受到尊重，以增强应聘人员的自信心。总之，在整个招聘过程中，招聘人员的形象代表着企业的整体形象，招聘人员必须尽量给应聘人员留下良好的印象，以便让应聘人员感觉本企业员工的综合素质较高，在这样的企业里工作有利于自己的全面发展、实现自身价值，这样才能调动起应聘人员留在本企业工作的积极性。

(3) 招聘人员在面试过程中要与应聘人员坦诚相见。

面试是企业招聘活动的重要环节，在面试过程中招聘人员一定要与应聘人员坦诚相见，要将企业的实际情况实事求是地告知应聘人员，包括企业的薪酬福利水平、引进人才政策和培养人才政策、规章制度等，要让应聘人员在了解企业真实信息的情况下做出是否愿意加入该企业的决定。招聘人员要避免为了吸引优秀人才的加入仅向应聘人员展现本企业的优越之处和优惠政策，而对企业的不足刻意隐瞒。过度宣传和美化企业虽然有可能暂时吸引优秀人才的加入，但后续会造成很多不良的影响，如让人才感到被骗、对整个企业产生不满和失望，从而选择离职。如果这样的情况在企业内部不断发生，就会对企业的正常运转产生严重影响，不但使企业浪费了大量的培训成本，而且要花费人力、物力重新招聘。

因此，为了吸引能长期在企业工作的优秀人才的加入，招聘人员在面试过程中对于可能会引起应聘人员不满或有争议的情况，比如单位较快的工作节奏、较多的出差安排、较频繁的应酬等，必须向应聘人员交代清楚，切不能刻意回避或隐瞒。通过把单位的真实信息和工作岗位的具体要求如实地传达给应聘人员，一方面会让应聘人员感觉到用人单位的坦诚，能给应聘人员留下较好的印象，为优秀人才的加入奠定良好的基础；另一方面，选择加入用人单位的应聘人员往往都是经过深思熟虑的，能够接受工作岗位各种要求的，这些人才在以后的工作中多会尽职尽责，工作积极性会很高，离职的可能性也会很低。因此，在面试过程中招聘人员与应聘人员做到坦诚相见，对企业人才队伍的稳定性和企业的长远发展具有非常重要的意义。

6.2 提高用人单位培养人才的质量

引进人才工作完成以后，用人单位需要考虑的是如何想方设法地对所引进的人才进行培养，提高培养人才的质量，为用人单位的发展提供良好的人才支撑。在培养人才的过程中，用人单位应采取以下措施：把合适的人才放在合适的位子上，对人才进行系统的培训，注重对人才的授权，给人才制定明确的目标，引入竞争机制、让人才时刻绷紧执行的弦，让人才与企业一起成长，用人要有一定的灵活性，注重与人才的有效沟通，制定激励性的薪酬制度，注重对人才的绩效考评，为人才提供多种职业发展通道，通过晋升激励人才等。

6.2.1 把合适的人才放在合适的位子上

对于用人单位而言，引进人才不容易，培养人才更难。企业引进人才工作完成后，首先要考虑的是如何在合适的时候把合适的人才放在合适的位子上。管理者需要遵循以下几个基本要点：根据人才的能力匹配合适的岗位、根据人才的长处匹配合适的岗位、根据人才的短处匹配合适的岗位、根据人才的兴趣匹配合适的岗位、根据人才的气质性格匹配合适的岗位等。下面对这几个方面进行具体分析。

(1) 根据人才的能力匹配合适的岗位。

在给人才安排工作岗位时，管理者需要考虑的第一个因素是人才能否胜任该项工作，即做到适才适位，避免大材小用或小材大用。为了做到这一点，人力资源部门管理者要了解小材大用和大材小用的危害。小材大用，指的是人才不能胜任工作岗位的要求。小材大用的危害不只是该人才无法在工作岗位顺利地完成工作，还会引起企业里其他员工的不满，不利于整个团队工作的开展。大材小用，指的是管理者给具有很强的工作能力的人才安排一些简单的、严重低于其工作能力的工作。大材小用会让人才感到自己没有充分发挥能力的空间，会为自己怀才不遇而愤愤不平，会感觉到自己在企业里没有发展前途，甚至会考虑离开企业。通常来说，企业中常出现的是大材小用的问题。比如，企业在引进了有能力的人才后，有的管理人员出于谨慎，迟迟不敢启用该人才，即使管理人员知道所引进的人才各方面能力都很强，为了避免企业内资深员工的不满，他们往往会对引进人才考察、考察再考察，直到十拿九稳才会将人才安排到较为合适的工作岗位上。而在这个过程中，人才的激情逐渐被消耗，从刚进入企业时的激情满满，到逐渐觉得不受领导的重视、感觉自己没有发展前途，最终丧失工作热情，甚至索性选择离开企业。如果这样的情况持续发生，企业不但会失去优秀的人才，而且这种贻误人才的做法将在企业内部形成风气，造成恶性循环，企业以后也很难留住优秀的人才。为了避免这种情况的发生，身为管理人员，一定要经常关注下属的工作能力发展情况，要根据员工的实际发展情况适时地对员工的工作岗位做出调整，让员工感受到领导的重视。比如，对已经处在成熟期的员工，要适时地让他们“上台阶”，把他们及时安排到能力要求更高的岗位上，让他们承担难度更大、更具有挑战性的工作，以避免人才滑入饱和期，造成人才的浪费。对于在本岗位工作了较长时间的员工，要适当地对他们进行岗位轮换，使他们有机会体验不同的工作岗位带来的不同的工作感受，积累更加丰富的工作经验，以提高他们的工作热情，拓展他们的综合技能水平，提高他们的综合素质，为企业发展做出更大贡献。

(2) 根据人才的长处匹配合适的岗位。

在工作中，人才往往在一定领域内能力表现得较为突出，而在另一些领域里能力表现一般，也就是说人才具有专门性。按照这个原则，管理者在对人才进行配置时一定要结合人才的优点，优先在人才擅长的领域内配置人才，这样可以最大程度地实现资源的优化配置，做到人尽其才，充分激发人才的潜能，调动人才的工作积极性，使整个企业充满活力。比如，有的人才逻辑思维能力较强，但是人际交往能力一般，人力资源管理部门应将这样的人才安排在技术性较强的工作岗位上；有较强计算能力、对数字敏感的人才，人力资源管理部门应让其从事会计、投资类工作；统筹能力强、头脑清晰的人才，人力资源管理部门应将其安排在生产部门，让其从事具体的生产工作。通过这样的统筹安排，人才的长处可以充分发挥，企业的绩效可以得到有效提升。每个人的长处不是短期内就能看出来的，需要管理者在具体的工作实践中慢慢观察。因此，管理者在日常的管理活动中，要有针对性地了解员工的性格特点，通过和员工进行交流沟通发现员工的优点，对于不同的员工所擅长的工作领域做到心中有数。管理者还要善于倾听员工的意见，鼓励员工争取展示自我、发挥特长的机会，给员工创造更多的发展机会，为员工提供充分的发展空间。

(3) 根据人才的短处匹配合适的岗位。

用人所长容易理解，为什么还要用人所短呢？因为人的长处和短处没有绝对的界限,长处和短处是相对的,从这个角度看是短处,从另外的角度看可能就变成了长处。把人才放在合适的岗位上、将人才的短处化为长处,是委任人才、进行岗位安排的一大技巧。比如,创新力较差、技术研发能力不强的人才,不适合在企业的研发部门从事具体的研究性工作,但是,他们大都忠诚本分、忠于职守、做事稳当、吃苦耐劳,可以将这些人才安排在工序衔接紧密的生产部门从事具体的生产性工作,这些人才能够照章办事,不容易出问题。

(4) 根据人才的兴趣匹配合适的岗位。

用人单位应根据人才的兴趣为其匹配合适的岗位,这对人力资源管理部门做到人尽其才具有重要的意义。具体来说,可以根据人才的以下几种类型为其匹配合适的岗位。

第一,实际型(操作倾向)人才。这类人才的特点是:愿意使用工具从事具体的操作性较强的工作;动手能力强,手脚灵活,动作协调性较强;大多不善言辞,不善交际,总是默默地从事自己的工作。适合这种人才的岗位有:工程师、维修工人、安装工人、司机等。第二,学者型(探索倾向)人才。这类人才的特点是:喜欢独立自主地从事一些富有创造性的工作;抽象思维能力强,求知欲强,肯动脑、善思考;知识渊博,有学识,有才能,但不善于领导他人。适合他们的岗位有:研发人员、专业技术人员等。第三,社会型(社会倾向)人才。这类人才的特点是:具有较强的服务意识,喜欢从事为他人服务和教育他人的工作;渴望得到他人的认同,希望有机会充分发挥自己的社会作用;比较看重社会义务和社会道德,往往具有较高的思想道德素质。适合他们的岗位有:营销人员、服务人员、行政人员等。第四,常规型(常规倾向)人才。这类人才的特点是:喜欢按计划办事,习惯接受他人的指挥和领导,不谋求指挥和领导职务;做事按部就班,工作脚踏实地;为人忠诚可靠,遵守纪律,团结同事。适合他们的岗位是:会计、出纳、统计员、审计员、办事员等。第五,事业型(进取倾向)人才。这类人才的特点是:精力充沛、充满自信、善于交际,具有较强的领导才能和较好的人际沟通能力;喜欢竞争,敢冒风险,敢于在竞争的环境中展现自己的能力;喜爱权力、地位和物质财富,会想方设法地获得自己所期望的权力和财富。适合他们的岗位有:企业管理人员、市场开拓人员等。第六,艺术型(艺术倾向)人才。这类人才的特点是:具有特殊的艺术才能和个性;乐于创造新颖、与众不同的艺术成果,渴望表现自己的个性、展现自己的才能、得到别人的认可。适合他们的岗位有:设计师、公关活动的策划人、主持人等。

(5) 根据人才的气质性格匹配合适的岗位。

人力资源管理部门在对人才进行岗位匹配时,必须要考虑人才的气质性格。人的性格大体可以分为理智型、意志型和情绪型三种类型,这三种气质性格的人才所适应的工作是完全不同的。理智型人才的特点是:处理问题时往往受理智的支配,在工作中即使遇到困难也能够冷静地进行思考和分析,不容易被困难所吓倒,能够迅速找到解决困难的有效对策。意志型人才的特点是:具有明确的目标,工作时有较强的耐力和恒心,面对工作中的压力能够很好地进行自我控制和自我调节,不易受到不良情绪的影响,能够时时保持积极乐观的态度来面对日常琐碎的工作。情绪型人才的特点是:喜欢感情用事,工作中容易受情绪的影响,自我控制能力较弱。人力资源管理部门在进行工作安排时要结合各人才的特点将其安排在合适的工作岗位上,尽量做到能够充分发挥人才的性格优点,避免性格缺陷。比如,应安排理智型的人才从事战略规划、作业调度、商务谈判等方面的工作;安排意志型的人才从事需要持久耐力的工作,如科研攻关、工程安装等;安排情绪型的人才从事广告宣传、公关等方面的工作。在现实工作中,企业管理者即使不从以上三种性格类型考虑为人才安排岗位,也会对不同工作岗位的人才有不同的性格要求。比如,对于企业的宣传岗位,一般会要求员工诚实、热情、善于交流沟通,有较强的应急问题处理能力,员工只有具备了这样的特点,才能出色地完成宣传工作;对于管理岗位,如果员工没有果敢、独立、勇于开拓创新的性格是不行的,是不能领导团队成员创造出良好的工作业绩的;对于谈判岗位,则需要员工具备情绪稳定、意志坚强、思维独立等特点,只有具备这些特点的人才,在与对手进行谈判的过程中才不易受他人的牵制,才能在谈判中处于优势地位。

6.2.2 对人才进行系统的培训

对人才进行系统的培训是提高培养人才质量和培养人才效果的重要途径。对于用人单位而言,一套系统完善的培训体系通常包括进行系统科学的培训需求分析、确定人才的培训要求和培训层次、确定好培训的具体内容、选择正确的培训方式、对培训进行及时的评估总结等多方面内容。

(1) 进行系统科学的培训需求分析。

培训需求分析是指在正式开展培训活动之前,采用一系列方法,对企业的发展状况和员工的资质水平进行全面系统的调查分析,为确定具体的培训内容、培训对象、培训方式等奠定基础。培训需求分析是有效实施培训的前提条件,其准确与否直接决定整个培训效果。

通过实地调研我们发现,培训需求分析不到位是当前山东省很多重点用人单位培训工作中的一块短板。一些用人单位对人才的培训需求分析不够重视,认为培训需求分析是可有可无的,有的用人单位甚至直接跳过了培训需求分析这一步。这样做的后果是,企业所制定的人才培训计划难以与企业的实际情况和人才的发展需求相匹配,这不但会影响人才参与培训的积极性,而且直接影响培训的效果,给企业造成极大的资源浪费。

因此,用人单位必须重视对人才的培训需求分析,在开展具体的培训活动之前,企业的人力资源管理部门必须综合运用多种分析方法从组织、任务和人员三方面做好培训需求分析。组织层面的培训需求分析内容包括:分析企业现有的人力资源供求状况,确定人力资源培训的项目和内容;预测企业未来对于不同层次、不同类型的人力资源需求情况;确定企业参加培训的总体人数以及参加培训的时间等。任务层面的培训需求分析内容包括:将企业内部的每项工作任务进行具体的分类,根据任务描述确定完成这些工作任务所需要的能力水平,确定各任务的重要性并确定各项培训工作开展的先后顺序等。员工层面的培训需求分析内容包括:了解员工个人愿意参加的培训项目和培训时间,确定员工需要参加的培训项目及培训的先后顺序等。通过对组织层面、任务层面和员工层面进行具体的需求分析，可以将企业的需求与人才的需求有机结合，为人力资源管理部门制定具有针对性的培训计划奠定良好的基础。

(2) 确定人才的培训要求和培训层次。

在进行系统科学的培训需求分析后，用人单位要对人才的培训要求和培训层次做出具体的规定。培训要求和培训层次这两个方面是密不可分的，不同层次的人才往往对应着不同的培训要求。表 6-1 和表 6-2 分别列出了不同的员工和不同层次的管理人员所对应的不同的培训要求。

表 6-1　不同员工的培训要求

培训对象	培训的要求
新员工	企业的价值观、企业精神、行为规范以及职务所需的基本技能
老员工	与工作直接相关的职能，如新技术、新流程等

表 6-2　不同层次管理人员的培训要求

层次	能力培训要求
高层管理人员	洞察力、决策力、创造力、统筹力
中层管理人员	判断力、领导力、协调力、沟通力
基层管理人员	计划力、领导力、沟通力、理解力

通过表 6-1 我们可以看出，人力资源管理部门在对新员工进行培训时，应将重点放在对企业的价值观、企业精神、行为规范以及职务所需的基本技能等方面的培训上。通过这些方面的培训，可以使新员工对企业有较为全面的认识，对企业形成良好的认同感，更快地融入企业中。对于老年员工，人力资源管理部门应侧重于培训与其工作直接相关的职能，如先进的技术和流程等，以不断提高老员工的知识技能水平，使其更好地适应工作岗位的需求，在工作岗位上做出更加突出的贡献，更好地为企业的发展服务。

通过表 6-2 我们可以看出，不同层次的管理人员的培训需求也是不同的，应结合不同层次管理人员的特点制定不同的培训内容。对于高层管理人员，他们的主要工作任务是负责企业的整体战略规划，他们的决策是否正确对企业的长远发展至关重要，因此，应侧重于洞察力、决策力、创造力、统筹力等方面的培训。对于中层管理人员，他们是管理层与基层工作人员之间沟通的桥梁，在企业中起着承上启下的作用，因此应侧重于判断力、领导力、协调力、沟通力等方面的培训。企业的基层管理人员主要负责协调本部门具体的日常工作，因此应侧重于计划力、领导力、沟通力、理解力等方面的培训，以使他们更好地带领本部门的员工提高工作绩效，顺利地完成每项工作任务。

(3) 确定好培训的具体内容。

培训的具体内容关系到培训的最终效果，人力资源管理部门在确定了培训要求和培训层次后，就需要确定培训的具体内容。培训内容的制定，务必要做到详细具体、条理清楚。一般来说，培训的具体内容可以分为五个层次：第一个层次是知识培训。知识培训的主要目的是对受训者进行知识更新，淘汰其陈旧的知识体系和知识结构，使受训者通过接受最新的知识提高自己解决现实问题的能力。知识培训主要是解决“知”的问题。第二个层次是技能培训。技能培训的目的主要是补充受训者的技能，提高受训者的实践能力，使他们从思维更新转换为动手解决。技能培训主要是解决“会”的问题。第三个层次是思维培训。通过思维培训，可以打破受训者的思维定式，提高受训者的思考能力、创新能力。思维培训主要是解决“创”的问题。第四个层次是观念培训。观念培训主要适用于刚入职的新员工，通过观念培训，可以使受训者改变原有的一些错误认识，通过树立新的理念不断适应环境、满足用人单位发展的需要。观念培训主要是解决“适”的问题。第五个层次是心理培训。通过适当的心理培训，可以及时调整受训者的心理状态，特别是当员工在工作中遇到某些问题时，心理培训就显得尤为重要。心理培训可以充分开发人才的潜能，使员工从内心真正认识到自己存在的问题，从而改变自己、发展自己。心理培训主要是解决“悟”的问题。综上所述，人力资源管理部门在对人才进行培训时，要结合不同层次人才的特点和需求情况选择合适的培训层次，这样才能取得最佳的培训效果。

(4) 选择正确的培训方式。

确定培训内容后,人力资源管理部门就要考虑如何让人才获得这些知识和技能,这就涉及培训方式的选择问题。目前,用人单位的培训方式灵活多样。培训方式既可以是脱产的,也可以是不脱产的;既可以是长期的,也可以是短期的。有的企业采取传统的师徒制的方式进行培训,有的企业采用派员工到相关部门或供应商、客户处参观、访谈,甚至现场实习的方式进行培训;有的企业采用派员工参加行业协会或外部研讨会的方式进行培训;有的企业采取把员工送到先进的同行企业、国外著名院校进修的方式进行培训等。企业选择的培训方式不同,其适用范围、所需时间、所花费的费用、所取得的效果等也有明显的区别。因此,人力资源管理部门在选择培训方式时切忌盲从,不能简单地照搬其他企业的一些习惯做法,而应根据人才的具体特点和企业的实际需求,选择实用、高效、针对性强的培训形式。比如,对于从事管理岗位的人才,比较适合的培训方式是不脱产的短期培训,如果对他们进行脱产培训或者是长期培训,则一定程度上会对企业的正常运转造成不利影响。如果确实要对管理人才进行长期的或者脱产的培训,企业一定要事先找好合适的人员接手工作,承担管理的任务,以消除管理人员的后顾之忧。

(5) 对培训进行及时的评估总结。

培训活动结束后,要对培训工作进行全面及时的评估总结,以判断培训是否达到了预期的效果。通过对培训进行评估总结,可以发现培训中存在的不足、适时调整培训内容,也可以为以后更好地制定培训计划、开展培训活动提供经验教训,使企业培训活动的开展始终处于一种良性循环的状态。企业对培训进行评估总结的方法有很多,经常使用的主要有以下三种。

第一种:受训者总结法。这是最简单的对培训活动进行评估总结的方法,它是要求每位受训者在培训结束后写一份总结报告,在总结报告中要对培训的方式方法、培训的内容以及培训对工作产生的影响进行全面总结。在总结报告中,受训者要提出自己对于培训的一些想法和建议,包括希望接受哪些形式的培训,培训的时间控制,期望企业的培训活动如何更好地开展等。

培训组织者在收集了受训者的总结报告后，要及时组织有关人员召开总结报告研讨会，通过研讨会对受训者的总结报告进行认真的分析讨论，找出培训中存在的不足之处，以便对企业今后的培训计划进行改进，制定出更合适、更有效的培训计划，提高培训效益。

第二种：培训目标法。培训目标法是指在每次培训活动开始之前制定出具体明确的标准，在培训过程中和培训结束后，及时地对培训目标的实现情况进行跟踪检测，对照目标检验培训效果。培训目标法有助于培训组织者和受训者及时发现培训中出现的问题，并及时予以纠正、改善，使培训活动的开展随时保持与目标一致，避免不利影响，提高培训效率。执行培训目标法的关键是要制定完整、统一、清晰的目标并及时进行检测。只有目标正确了，才能更好地指导培训活动的顺利开展。

第三种：问卷调查法。这是对培训进行评估总结时最常用的一种方法。人力资源管理部门事先制作好调查问卷，让受训者在培训前后分别完成调查问卷有关题项的填写工作，然后对回收的有效问卷进行统计分析，通过统计分析结果找出培训活动中取得的成绩和存在的主要问题，以此为基础对培训的效果进行有效评估。使用问卷调查法时，应注意调查问卷中设计的有关题项要集中在实际应用以及培训效果等方面，通过分析总结出受训者培训前后的主要变化，据此对培训的效果做出评估，并为以后的培训计划进行改进提供借鉴。

6.2.3 注重对人才的授权

授权是领导者把一定的权力委托给下属代为执行，以实现组织目标。我们把授权的领导称为授权人，把被授予权力的员工称为受权人。授权是领导者智慧和能力的扩展和延伸，授权过程是科学化和艺术化的过程，必须遵循客观规律和原则。对人才进行适当授权是对人才进行激励的一种十分有效的方式。通过授权，可以明确组织成员之间的关系，使分工更细致、责任更明确；通过将权力授予下属，可以使领导腾出时间处理领导活动中一些更为重要的问题；人才被授权后，可以获得更多的锻炼工作能力的机会，有利于人才各方面能力的提高，也有利于企业不断充实各级领导人员；通过授权，还能够在一定程度上提高领导的决策效率，提高企业组织成员的士气。总之，通过领导者放权，让人才在工作中具有一定的权力，可以使人才更具判断力、创新力，可以充分激发他们的潜能，使他们发挥出高效的执行力，进而推动企业的发展。为了取得良好的授权效果，在对人才授权的过程中，需要注意以下几点。

(1) 明确哪些工作可以授权。

企业的日常工作涉及方方面面，领导者不可能对所有的工作亲力亲为，领导者要学会授权，但并不是所有的工作都可以授权，领导者在授权的过程中必须要对授权的内容进行正确的选择。一般而言，可以授权的工作主要包括以下几个方面。

第一，经常性的、必须做的工作可以授权。这些工作管理者已经做了很多遍，并且是单位例行规定的、程序性的工作任务，不属于机密性工作，所以，管理者可以授权。

第二，具有发展机会的工作可以授权。管理者的一项重要职责就是给予团队成员良好的发展机会和发展前景，使团队成员获得更好的发展。要达到这一目标，一个很好的方法就是结合团队成员的特点，将具有发展机会的工作安排给合适的下属，让下属承担更多的工作责任，使下属感受到领导的信任和关心，从而更加尽心尽力地工作。

第三，专业性强的工作可以授权。管理者并不是无所不能的，特别是一些专业性较强的工作，比如会计、税务等，管理者可能没有能力自己完成，必须要进行适当的授权，让专业人士利用专业知识和才能，顺利地完成工作。

(2) 明确哪些工作不应该授权。

除了明确哪些工作应该授权外，领导者在对人才授权时还要明确哪些是不应该授权的工作，以便管理者把事关企业长远发展的重要事务牢牢把握在自己手中。不应该授权的工作主要包括以下几个方面。

第一，不要授权有关人事或机密的事务。通常来说，人事方面的决定，如人员的晋升、任免、开除、绩效评估等，是企业内部最为敏感的工作，处理不当就会严重影响企业正常工作的顺利开展。因此，这些工作管理者必须要亲自去做，而不能授权给下属来完成。

第二，不要授权关于制定政策的事务。制定政策是管理者的主要工作之一，政策的好坏直接关系到企业的长远发展。管理者为了减轻自己的工作任务，可以在政策制定的过程中组织员工适当地参与，但绝不能将制定政策的工作全权交给下属。

第三，不要授权解决危机的工作。任何企业的发展都不是一帆风顺的，都可能遇到这样那样的困难或问题。当危机来临的时候，领导者应当亲自坐镇，制定出相应的应对方案化解危机，切忌为了减轻自己的工作压力而授权给下属。并且，危机来临的时候，正是考验领导者工作能力和领导力的时候，作为领导者，应当充分把握好这个机会，让自己起到良好的模范带头作用。只有这样，才能稳定人心，避免事态进一步恶化，维护企业的稳定和发展。

(3) 有效授权的关键是找对受权人。

要想实现有效授权，关键要找对受权人，受权人直接影响授权的效果。一般而言，作为受权人，不但要具备较高的职业道德与职业素质、善于机智灵活地完成任务，还要具有敏锐的头脑、良好的自我管理能力及团队合作精神。一旦确定找对了受权人，领导者就应该大胆地授权，充分信任受权人，让受权人可以大胆地、充分地行使手中的权力、施展自己的才华。对合适的受权人进行有效授权，不但能够减轻领导者的工作压力，受权人也会因为自己被充分信任而干劲十足，往往会收到意想不到的效果。

(4) 有效授权不可忽视的授后监控。

高明的领导者懂得“扶上马，送一程”的有效授权方式，即不但要做到有效授权，还要对授权任务进行恰当的控制，使自己能够随时掌握任务的进程。一旦授权任务偏离了正确的轨道，领导者就要立即采取有效方式加以制止。在实际工作中，很多领导者常常忽视对授权的事后监控，结果在最后关头功亏一篑。因此，授权要想取得最终的成功，领导者一定要注意监督执行的进度，及时跟踪、了解工作的进展情况。在对受权人的工作进行监督时要注意：领导者要做的是从总体上监督工作的进度情况，要尽量避免干涉具体工作，以免影响员工的工作积极性；如果发现受权人在工作中存在问题，要以适当的方式及时地提出意见或建议，通过采取适当的方式及时予以纠正；对于受权人在工作中取得的成绩要及时予以表扬和奖励，以提高其工作积极性。

6.2.4 要给人才制定明确的目标

无论是企业的发展还是人才的成长，都需要制定明确的目标。对于企业而言，要想获得长远的发展，首先应该从制定目标开始，如果没有明确的目标，企业的发展就失去了前进的方向。对于个人而言，只有敢于朝着那些看似不可能实现的目标努力奋斗，才能获得职业满足感，才能始终保持旺盛的精力和持久的动力。

目标激励是通过目标的设置来激发人的动机、引导人的行为，使被管理者的个人目标与组织目标紧密地联系在一起，以激励被管理者的积极性、主动性和创造性。目标是行为的诱因，具有诱发、导向和激励行为的功能。因此，对于管理者而言，通过为下属适当地设置目标，能够充分激发下属的积极性和主动性，使企业充满生机和活力。目标可以分为个人目标和集体目标，管理者在制定目标的过程中，要注意个人目标和集体目标的协调统一。

给人才制定明确的目标、对人才实施目标激励，是提高人才工作积极性的重要措施和有效手段。为了使目标激励达到最佳效果，企业管理者应树立明确的经营理念和经营目标。经营目标既包括企业的长期发展目标，也包括企业各个阶段的短期发展目标，一个个短期目标的实现过程就形成了长期目标。企业管理者在制定目标时，要确保每个目标的设置必须清晰、具体、明确，要让每位员工都非常清晰地知道自己所承担的责任，以提高他们的责任意识。正确的目标激励不但能够提高人才的工作效率，而且能够增强他们对企业的归属感，让他们为企业成长贡献自己的力量。

6.2.5 引入竞争机制,让人才时刻绷紧执行的弦

企业在发展过程中,不仅要规避市场的风险,还要规避人性的风险。如果没有外界的压力,很少有人能够持续地让自己处在不断发挥潜力的状态之下。因此,一个企业只有引入竞争机制,才能让人才时刻绷紧执行的弦,才能不断挖掘自己的潜力、不断追求上进。竞争有利于提高工作效率,有利于促进技术进步,能够实现消费者福利最大化;竞争能激发人的创造精神、创新能力,能使人体力充沛、精力充足、思维敏捷、反应灵活、想象丰富,能使人时时保持一种斗志昂扬的精神状态。科学研究表明,通常情况下人只能发挥自身潜能的百分之二十到百分之三十,而在竞争的过程中,人的自身潜能能够发挥百分之七十到百分之八十。竞争能够增强成功者的信心,能使他们越战越勇;能够让失败者总结经验、调整目标与行动方式,为进一步取胜打下良好的基础。领导者可以从以下几个方面考虑在企业内部引入竞争机制。

(1) 为人才锁定竞争目标。

领导者要积极在公司内部建立竞争机制,为人才锁定竞争目标。通过目标的设定,可以给人才指出努力的方向,激起他们强烈的竞争欲望,更好地发挥出他们的潜能,从而朝着设定的目标而奋斗。

(2) 为人才确立竞争对手。

一个团队的成员如果长期固定不变,人才就会缺乏新鲜感和活力,容易养成惰性。团队管理者要适时地为人才确立竞争对手,竞争对手既可以是本部门的同事,也可以是其他部门从事同类工作的同事。通过确立竞争对手,在工作过程中和竞争对手进行对比,以此激发人才的工作积极性与进取心,人才的综合素质也会得到不断提高。

(3) 使用末位淘汰机制。

末位淘汰制是企业绩效考核的一种制度,越来越多的企业在年末对员工进行绩效考核时使用末位淘汰制。末位淘汰制是指工作单位结合本单位的总体目标和各阶段的具体目标,结合各个岗位的实际情况,设定一定的考核

指标体系，以此指标体系为标准对员工进行考核，根据考核的结果对得分靠后的员工进行淘汰的一种绩效管理制度。企业要想在激烈的市场竞争中生存下去就需要遵循适者生存、不适者淘汰的原则，只有及时将那些不能胜任工作的员工淘汰，企业才能保持生机和活力，才能得以长久发展。末位淘汰制的实施，一方面可以精简人员、减轻企业的负担；另一方面可以使留下来的人才时刻保持危机感，时时以“今天工作不努力，明天努力找工作”来激励自己，从而在企业内部形成人人争优创先的良好竞争氛围。因此，用人单位可以使用末位淘汰制，逐步取消自上而下的任命制，将以业绩为主、自下而上的公开竞争上岗机制引到人才队伍的建设上，达到提高培养人才质量的目的。

6.2.6 让人才与企业一起成长

让人才和企业一起成长，是企业管理的目标之一。它需要企业参与人才职业生涯规划的指导与管理，把人才的职业发展纳入企业管理的范畴，与人才建立融洽的“心理契约”。通过人才与企业共同成长，可以使企业与人才之间结成战略伙伴式的双赢关系，达到最为和谐的发展状态。目前，为了实现人才与企业的共同成长，许多企业都将关注人才发展的重点从促进其学习转移到参与人才的职业生涯发展过程中来。

一般而言，人才的职业生涯分为四个阶段：职业探索阶段、职业建立阶段、职业中期阶段、职业后期阶段。在不同的职业生涯阶段，企业应采取不同的方式给予适当的职业帮助，以充分激发人才的工作积极性。

(1) 职业探索阶段。

这个阶段的时间范围一般是人才的工作年限在5年以内。在这一阶段，每个人才都会通过各种途径认真地探索适合自己的各种可能的职业，他们试图将自己的职业选择与对职业的了解以及个人兴趣和能力匹配起来，在此基础上选择自己喜欢、适合自己并可能长期从事的职业。在这个阶段，人才的思想往往摇摆不定，不容易找准自己的位置，或高估或低估自己的能力和水平。他们对自己未来的发展较为迷茫，不知道自己究竟适合从事什么样的工作。因此，用人单位应结合这个阶段人才的心理特点，帮助他们准确地认识自己、定位自己，并帮助他们结合各自的特点制定合适的初步的职业生涯规划。在这个阶段，企业可以聘请人力资源管理专家和心理专家，以讲座的方式向人才系统地讲述职业生涯规划对于个人发展和企业发展的重要性，阐述职业生涯规划的主要内容，帮助人才分析该阶段的心理特征，帮助人才树立正确的就业观，端正工作态度，树立美好的职业发展愿景；企业内部可以成立以各部门负责人为主体的职业生涯规划领导小组，各部门负责人对本部门的新进人才负主要责任，通过面谈、座谈等方式结合人才的性格和特点帮助人才规划职业发展道路，帮助人才尽快适应和熟悉现在的工作、准确地定位自己、明确自己的职业发展方向。

(2) 职业建立阶段。

这个阶段的时间范围一般是人才的工作年限在 5 年到 10 年之间。这个阶段是人才最有追求和抱负、精力最旺盛、创造性最强的时期，是人才工作生命周期中的核心部分，也是人才一生中的高产时期。因此，充分调动这个阶段人才的工作积极性，对于人才个人发展、企业经济效益的提高和长远发展具有重要意义。这个阶段的人才已经对自己所选择的职业领域非常熟悉，他们关注的重点是自己在工作中能否得到晋升和发展。因此，企业管理者必须准确地把握和关注该阶段人才的心理需求，要在企业内部形成一种积极向上、公平竞争的良好工作氛围；要结合企业的工作岗位需求和人才的自身特点，为人才提供充分的职业发展空间，确保有能力的人才在自己擅长的工作领域中立足和晋升；要帮助人才分析现在的工作情况，包括岗位现状、岗位职责、目标计划等，为人才提出具体的指导意见，帮助人才顺利完成既定的工作目标。

(3) 职业中期阶段。

这个阶段的时间范围一般是人才的工作年限在 10 年到 20 年之间。这个阶段是人才整个职业生涯中时间较长、变化较多的敏感时期。在这个阶段，由于人才已经具备了丰富的工作经验，通过不断积累，他们对自己有了更加清醒的认识和评价，有了更为明确的职业发展目标，他们在工作中正处于繁荣向上的发展时期，因此，他们自我实现和自我发展的愿望更加强烈。同时，这个阶段的人才面临着来自各方面的种种压力，他们不仅上有老下有小、家庭负担和家庭责任重，而且职业任务繁重，他们承受着巨大的工作压力和心理压力。而且随着年龄的不断增长，他们越来越意识到自己的职业发展机会受到种种限制，甚至已经到了职业发展的瓶颈时期，从而产生强烈的职业危机感。针对这一阶段的人才特点，用人单位可以通过合理的岗位轮换和职位晋升等方式来提高人才的工作积极性。岗位轮换是指企业在一定时期内有计划地让员工轮换从事不同工作的做法。通过岗位轮换，人才可以积累丰富的工作经验，有利于企业培养综合素质高的全面人才，为企业的持续发展奠定人才基础。在岗位轮换的过程中，人才可以通过亲身体验，找到更适合自己发展的位置，可以学习以前没有接触到的新知识、新技能，充分激发自己的学习热情和工作潜能，提升自身价值，为今后的晋升和发展奠定坚实的基础。职位晋升是指人才向一个比现有工作岗位挑战性更高、所需承担责任更大，以及享有职权更多的工作岗位流动的过程。对人才而言，晋升意味着领导的赞赏和同事的肯定，晋升是一种强有力的内在激励，能极大地调动人才的工作积极性。鉴于山东省重点用人单位员工晋升空间狭窄、职业发展空间有限的现状，为吸引和留住优秀人才，用人单位必须为员工设置合理、畅通的职业发展通道。对于优秀人才，企业管理者要适时地加以提拔和任用，要“不拘一格降人才”，要使有能力的人才找到适合自己的职业发展路径，使人才在实现职业生涯发展的同时企业的经济效益也得到提高。

(4) 职业后期阶段。

这个阶段的时间范围为人才的工作年限在 20 年以上。这个阶段人才的特点是，经历了工作上的起起伏伏，已经到达了职业生涯发展的顶点，在企业里提拔和晋升的希望微乎其微。他们大多希望保持目前的地位和状态，不需要再为工作上的事情操心。他们逐渐开始专注于自身健康，注重保健，使自己保持一种良好的身体状态。他们更加注重做一些对社会有意义的事情，希望体现自己的社会价值，得到社会的认可。同时，大多数人才在这个阶段已经不再承担企业的核心工作任务，他们的工作岗位慢慢地被年轻人所取代，因此，他们的心理极为脆弱和敏感，不得不面对心理上的失落感甚至痛苦感。笔者通过调查发现，当前山东省一些用人单位的这部分人才大多是当初和企业家一起创业、一起打拼事业的员工，很多人才在这个阶段已经成为企业的中层以上管理人员，他们经历过创业过程的种种艰辛，见证了企业发展壮大的整个过程。由于即将到达退休的年龄，这部分人才对企业恋恋不舍，但又不得不面临即将离开工作岗位的现状，他们的心理极为脆弱。对于这部分人才，管理者一旦决策失误，不但会直接影响他们的工作热情，而且会对年轻人造成一些负面影响。因此，管理者必须认真分析和研究这个阶段人才的心理状态和精神状态，帮助他们做好退休前的各项心理和工作上的准备；结合每位人才的特点，帮助他们制订具体的退休计划；定期组织各种娱乐活动，让他们愉快地结束自己的职业生涯，帮助他们顺利实现向退休生活的过渡。需要注意的是，对于能力较强的专业技术型人才，随着年龄的增长，他们的经验越来越丰富，他们在退休后仍然能为企业做出重要贡献，用人单位可通过兼职、顾问或其他方式聘用他们，延长他们的职业生涯，激发他们的工作热情，使他们继续为企业发挥余热。

6.2.7 用人要有一定的灵活性

知人善任是企业管理的核心，是企业全体管理者的重要工作和共同责任，而不仅仅是企业领导者或人力资源管理部门的工作。企业应针对自身经营和发展对人才的需求情况，寻找企业需要的合造人才，建立内部人才激励机制，保证每一个岗位都使用最合适的人才。

企业的用人体系应当具有一定的灵活性，能够根据不同的人才制定不同的策略、使用不同的方法，从而有利于识别、发现、培育和使用各类人才。企业领导者要能够识别和鉴赏人才，敢于突破固有的思维模式，推动企业内部人才竞争机制的建立和完善。分析资料证明，卓越企业的关键性人才大部分出自企业的内部。如果企业没有形成发现人才和培养人才的机制，没有形成适合人才发挥最大价值的生态环境，即便引进了人才，也不可能充分发挥出人才的作用，引进的人才也会逐渐失去价值。因此，合理地使用人才、培育人才和留住人才，形成有利于人才发展的环境和文化，不仅仅是领导者的管理职能，更是企业文化的核心组成部分。

6.2.8 注重与人才的有效沟通

与下属进行有效沟通，是企业管理者极为有效的管理手段。首先，有效沟通有利于改善下属的工作态度，提高下属的工作绩效。企业内部每位员工都要通过一定的渠道和方式来交流信息、沟通思想、协调行动，如果渠道堵塞、沟通方式不正确，就会造成认识上的偏见和感情上的隔阂，甚至引发矛盾和冲突。其次，有效沟通有利于更好地进行绩效反馈。在沟通的过程中，管理者要将下属的实际绩效情况与期望的绩效进行比较，并对人才进行有针对性的激励。如果下属的绩效比预期的差，管理者要为下属找出原因，对下属给予鼓励并提供一些建议去提高绩效；如果下属的绩效比预期的好，管理者就应该对下属的表现进行表扬、激励，促使其在今后的工作中获得更好的绩效。再次，有效沟通有利于在企业内部形成合力，促进企业的发展。在企业内部，领导者与下属之间产生意见和矛盾，甚至发生争执是在所难免的，领导者通过与下属进行及时有效的沟通，为下属提供正常的诉求渠道，使他们能够畅所欲言，尽情地说出自己的真实想法，及时地将心中的不满发泄出来，可以使下属的不良情绪及时得到疏通，有效改善与下属的关系，形成良好的人际关系环境，促进企业健康有序地发展。

6.2.9 制定激励性的薪酬制度

合理而有效的薪酬制度不但能有效激发员工的积极性与主动性、提高企业的经济效益，而且有利于在竞争日益激烈的人才市场上形成一支素质良好的人才队伍。笔者在调研中发现，当前山东省大多数用人单位的薪酬体系不够合理，人才普遍对企业的薪酬福利待遇不满意，人才的工作积极性不高、流动性较强。山东省重点用人单位必须结合自身特点和员工的需求，想方设法地发挥好薪酬制度的激励作用，可以从以下几个方面考虑。

(1) 注重薪酬的内部公平性。

公平理论认为，与报酬的绝对量相比，员工更关心的是报酬的相对量。在企业内部，人才通常会将自己所获得的报酬与企业内其他人员做比较，如果发现自己的收入较低，那么就容易产生不公平感，就会减少工作投入、消极怠工甚至离开企业。因此，用人单位在薪酬体系的制定过程中，必须以人才创造的工作绩效为依据，真正反映工作的难易程度和岗位特点，体现多劳多得、少劳少得的分配原则，避免薪酬均等化；管理者要广泛了解人才对企业薪酬制度的看法，在薪酬体系的制定和修改过程中要多征求人才的意见和建议，在确保薪酬水平有所差异的基础上体现公平性。

(2) 确保薪酬的外部竞争性。

薪酬的外部竞争性一般是指企业与行业内其他企业的薪酬水平相比较是否具有竞争优势。企业的薪酬水平高于行业薪酬的平均水平，将会对人才产生极大的激励作用，对于吸引优秀的应聘人员、留住优秀人才具有重要作用。因此，用人单位应对本地区同行业的薪酬水平进行广泛调查，通过各种手段积极地获取相关企业各岗位的薪酬信息，并对这些数据进行统计和分析，以作为制定本企业薪酬制度的有效依据。需要注意的是，在确定薪酬调查对象时，应选择本地区同行业同类型的企业、本地区其他行业中有相似工作岗位的企业、在本地区同一人才市场招聘员工的企业，这样的调查对象才有可比性。调查完相关企业的薪酬状况后，要结合本企业的具体情况制定适合本企业的薪酬制度，要及时关注整个行业薪酬水平的波动情况，根据外部市场的薪酬变动情况适时调整本企业的薪酬制度。

(3) 结合人才的特点采取不同的薪酬激励方式。

不同的人才，对薪酬的需求也不同，因此，必须结合人才的需求状况采取适合他们的薪酬方式，这样才能取得良好的激励效果。

对于销售人才，可采取薪资计划与佣金计划相结合的薪酬激励方式。薪资计划是指根据销售人员的资历制定一定的固定薪酬，人才的固定薪资水平的高低与其工作绩效无关。为销售人才制定一部分固定的、可预知的薪酬有利于减轻销售人才的心理压力，通过改变销售人才的工作范围或工作定额，或者重新为他们分派任务，可以培养人才高度的忠诚感和敬业精神。佣金计划是指直接按照销售额的一定比例确定销售人才的报酬，它强调的是根据人才的业绩水平来确定其报酬高低，佣金的支付表达了企业对人才业绩的认可。通过对高绩效的销售人才进行奖励，能促使他们不断增加销售额，提高工作绩效，也可以激发其他销售人才的工作热情，在企业内部形成积极向上的工作氛围。

对于专业技术人才，可采取年终分红和项目提成的薪酬激励方式。年终分红是指企业为激励员工提高绩效而实施的一种在年末发放红利的短期性激励措施。年终分红与个人绩效挂钩，在数额上有一定的波动性，其波动幅度一般在25%左右。山东省重点用人单位应结合自身特点，采取合适的方法确定年终分红的资格条件。企业可以采用直线职位法，即在对企业的职位进行综合评价的基础上确定出关键职位，根据职位确定年终分红的数额；也可以通过设定薪资水平阈值来确定资格条件，凡收入超过薪资水平阈值的人才都有资格获得年终分红；还可以通过工资水平等因素来确定资格条件，即所有在某一工资等级或其上的人才都具备获得年终分红的资格。分红不仅能为专业技术人员带来一定数额的报酬，更重要的是身份、地位、个人能力和成就的象征，能在很大程度上激发专业技术人才的工作积极性。除了年终分红外，对于专业技术人才可根据其参与的项目为企业带来的效益，以项目提成的方式给予奖励。项目提成的比例可结合企业的经济实力和项目取得的收益大小来确定，这样可以充分调动专业技术人才的创造性，提高他们的专业技术能力，为企业发展提供强有力的技术支撑。

对于管理人才，除采取年终分红外，还可以采取奖金和股票期权的薪酬激励方式。管理人才奖金水平的确定应根据其工作目标完成的程度来确定，即企业对于管理人才可以采取“目标管理”的方式，制定一定的管理目标，并根据目标完成的程度以及效果来确定奖金数额。目标的制定和考核标准由各企业结合实际情况来确定。另外，上市企业可采取股票期权的方式激励管理人才，使管理人才将企业的发展和自己的命运联系在一起，从而提高自己的经营管理能力和工作积极性。

6.2.10 注重对人才的绩效考评

绩效考评是指考评者对照工作目标或绩效标准，采用一定的考评方法，评定人才的工作任务完成情况、工作职责履行程度和人才发展情况，并将上述评定结果反馈给人才的过程。科学合理的绩效考评是实施有效激励的制度保障，只有对人才进行科学的考评，才能准确地评价和衡量其对企业的贡献和价值，才能在此基础上制定出相应的奖惩措施。山东省重点用人单位在对人才进行绩效考评时，应注意以下几点。

(1) 制定系统完善的绩效考评体系。

系统完善的绩效考评体系是企业绩效考评工作顺利开展的前提，科学合理的绩效考评体系可以使绩效考评工作的开展“有法可依”。但是，笔者在调研中发现，当前山东省很多重点用人单位缺乏系统完善的绩效考评体系，绩效考评工作不严谨、程序不合理，激励措施与人才的工作绩效不相符，严重打击了人才的工作积极性。因此，用人单位应结合自身特点，不断完善绩效考评体系。绩效考评体系的内容如图 6-1 所示。

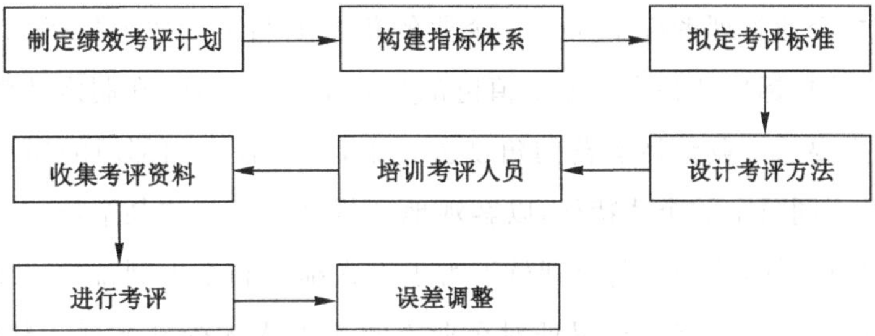

图 6-1　绩效考评体系内容

如图 6-1,一个系统完善的绩效考评体系应包括制定绩效考评计划、构建指标体系、拟定考评标准、设计考评方法、培训考评人员、收集考评资料、进行考评、误差调整等多个方面。这几个方面是前后联系、不可分割的统一体,只有严格按照该程序制定绩效考评体系,才能保证绩效评估的完善性和公平性,才能使绩效评估工作顺利完成。

(2) 构建科学的绩效考核指标体系。

绩效考核指标的设置可以让考核者和被考核者都明确绩效考核的具体内容,绩效考核指标包含指标的具体说明和计算公式等。山东省重点用人单位在设置绩效考核指标时应注意以下两个方面。

首先,企业管理者要抓住关键绩效指标。关键绩效指标是指通过对企业内部流程的输入端、输出端的关键参数进行设置、取样、计算、分析,衡量流程绩效的一种目标式量化管理指标。关键绩效指标是一种把企业的战略目标分解为可操作的工作目标的工具,是企业绩效管理的基础。企业内每位人才都会承担众多的工作任务,而这些工作任务的重要程度是不同的,如果对人才所从事的所有工作都来进行考核,不但会造成企业人力物力资源的浪费,还会造成人才难以准确把握工作的重点与关键,影响人才工作积极性的提高。建立明确的切实可行的关键绩效指标体系,是做好绩效管理的关键。关键绩效指标主要有四种类型:数量型、质量型、成本型和时限型,用人单位应结合不同人才所从事的工作性质和工作特点,选择合适的关键绩效指标类型。

其次,企业管理者应站在整个企业的角度上制定绩效考核指标体系,要使绩效考核指标反映整个企业价值链的运营情况。因此,在制定绩效考核指标时,一定要从企业整体运营的角度去考虑,并结合不同部门的岗位性质和特点以及不同员工的个体特征,以客观地评价某个部门或某个员工的贡献和作用。只有这样,才能避免个别员工为了个人绩效和个人利益的实现而损害企业的整体利益,才能真正保证对企业有贡献的人才受到鼓舞和奖励,才能在提高人才工作积极性的基础上实现企业的长足发展。

(3) 设计合理的绩效考评标准。

用人单位应根据不同人才所从事的工作性质和特点设计科学的绩效考评标准。绩效考评标准可以分为绝对标准和相对标准。绝对标准以人才业绩的客观现实为依据,这种标准较为明确,考评结果客观性强。比如,销售部门可以根据企业的具体情况每年要求销售人才完成一定的销售额。但是,业绩标准不能设置过低也不能设置过高,标准过低,难以激发人才的工作动力;标准过高,则会给人才造成巨大的心理压力。业绩标准还要根据市场的竞争情况和企业的发展情况适时地加以调整,以适应变化了的新环境和新情况。相对标准是指采取相互比较的办法对员工的工作绩效进行考核,如评定先进时,规定按照一定的比例评选,此时每一位被考评人才既是被比较的对象,又是比较的标准,未被评选上的人才不一定工作绩效就不好。当某些工作岗位的评估标准较为模糊、难以采取客观的评估标准时,便可以采取相对的主观评估标准。

(4) 注重绩效反馈。

绩效反馈是绩效评估工作中最关键的一个环节,它是指考核者就考核的具体情况,与被考核者进行面谈,考核者在肯定被考核者成绩的同时,指出被考核者工作中的不足之处并提出改进建议。及时有效的绩效反馈是确保绩效考评效果达到最优的必要步骤,能否达到绩效评估的预期目标,取决于绩效反馈的实施。当前,山东省大多数用人单位在绩效评估结束后不注重绩效反馈,导致了绩效评估难以取得良好的效果。因此,管理者必须从思想上提高对绩效反馈工作的重视程度。在开展绩效反馈工作的过程中,管理者应注意以下几点:绩效反馈的内容要具体明确,要详细列出被考核者的优点和存在的主要问题,避免泛泛而谈,更不能为了取悦被考核者而对其存在的问题避而不谈;绩效反馈应采取直接面谈的方式,对事不对人,要指向可控制的行为和具体的目标,要对被考核者的表现进行详细的描述和评价,不要涉及被考核者的性格,避免引起抵触情绪;要认真倾听被考核者的意见,要结合绩效目标就被考核者的考评结果进行深入沟通,要向被考核者传达企业的期望,要引导被考核者自己思考问题和进行自我评价,避免向被考核者发号施令。

6.2.11 为人才提供多种职业发展通道

职业通道是指人才的职业发展计划。对企业来说,合理的职业发展通道可以让企业清楚地了解人才的潜能;对人才来说,科学的职业发展通道可以让其专注于未来的发展方向并为之不断努力。要想在企业内顺利实施职业发展计划,企业主管、人才以及人力资源部门等主体必须共同参与。

笔者在调研中发现,当前山东省大多数用人单位不重视人才的职业生涯设计,没有为人才设置顺畅的职业发展通道,很多人才在达到一定工龄后往往面临职业发展的困境,职业生涯不得不中止。要改变这种局面,用人单位必须结合不同类型人才的特点设置不同的职业发展通道,为每一位新员工进行职业生涯培训,使员工从踏上工作岗位开始就明确自己的职业发展路径,清楚自己的努力方向,促使员工为实现不同的职业发展目标而不断奋斗。

(1) 为普通人才设置的职业发展通道。

普通人才适合传统的职业发展通道,即自下而上的纵向发展路径。例如,对于销售人才,企业可根据其工作绩效的高低设计普通销售人员、销售助理、销售代表、销售总监等四个等级的职业通道,企业要明确每个阶段人才应达到的条件。这种传统的职业通道设计目标清晰,便于人才明确未来的发展方向,使人才为实现一个接一个的新目标而不断努力,可以极大地激发人才的工作积极性。

(2) 为专业技术人才设置的职业发展通道。

企业可为专业技术人才设置多重职业通道,为专业技术人才的职业发展提供更广阔的空间。比如,用人单位可以为专业技术人才设计技术人员通道—技术带头人通道—技术管理人员通道。这种模式可以使专业技术人才在钻研技术、提高科研技术能力的同时,得到丰厚的物质奖励、得到更多的晋升机会、体验到工作带来的更多的满足感和成就感。这种职业通道设计方式有利于提高专业技术人才的主人翁意识,使专业技术人才不断提高工作积极性、不断学习新知识和提高自己的技术水平,在实现自身价值的同时为企业带来经济效益。

(3) 为管理人才设置的职业发展通道。

管理人才适合横向职业通道,用人单位可通过工作轮换的方式帮助管理人员实现职业生涯发展。通过岗位轮换,可以使管理人才改变对现有工作的厌倦状态,焕发新的活力、迎接新的挑战、充满工作热情,可以提高管理人才对不同岗位、不同部门的适应能力。但是,笔者通过调研发现,山东省一些用人单位组织层级较为简单,企业内没有足够多的高层职位为每个人才提供发展机会,使得管理人才的职业发展空间较为狭窄。

6.2.12 通过晋升激励人才

晋升激励是指企业领导将员工从低一级的职位提升到新的更高的职位,同时赋予与新职位一致的责、权、利的过程。晋升是用人单位的一种重要的精神激励措施。企业职务晋升制度有两大功能,一是可以为企业选拔出优秀的人才,为企业的发展奠定良好的人才基础;二是可以使人才获得职业满足感,充分激发人才的工作积极性。因此,通过晋升激励的方式从内部提拔优秀的人才到更高、更重要的岗位上,无论是对企业的发展还是对人才的个人发展都具有十分重要的意义。通过建立和完善晋升制度,不仅能为人才提供广阔的成长空间,充分发挥人才的潜能,而且能在企业内部营造一种公平、公正的竞争环境,促进企业发展对人才的需求与个人发展计划的对接。要充分发挥好晋升激励的作用,需要企业明确晋升的原则、建立晋升阶梯、制定正规化的晋升程序、注重内部晋升的作用。

(1) 明确晋升的原则。

人才晋升的原则有:以工作绩效为基础,综合考虑人才综合素质;符合各部门岗位的现状和发展需求;与人才职业生涯发展需求和发展目标相一致;有利于人才优势的整合和优化,有利于人才的发展,有利于业务的发展。企业所设置的晋升机会必须对每一位人才都是公正公平的,在晋升的过程中要做到信息通畅,每一位想要参与晋升的人才都能毫无障碍地获得晋升的有关信息，晋升的方式应该采取公开竞争，让每一位有能力的人才都能获得进一步发展的机会。

(2) 建立晋升阶梯。

晋升阶梯是指企业的岗位分布状况要明确，要对不同岗位进行分级，使每一个岗位的人才都能在自己所在的岗位群中，从下到上、一级一级地通过考核不断得到晋升。科学合理的晋升阶梯对提高人才的工作积极性具有非常重要的作用，有利于人才明确努力的方向，在工作岗位上踏实工作，为下一步晋升更高的职位做好准备。因此，用人单位要结合自身特点和人才所在岗位特点为人才指明职业发展的方向和路径，让人才顺着适合自己的职业阶梯一步一步获得更好的发展。不同岗位人才的晋升阶梯是不同的，企业在设置职业晋升阶梯的时候必须要考虑不同岗位的不同特点。比如，企业工程师的晋升途径为初级工程师、中级工程师、高级工程师，当初级工程师到了一定的工作年限后，企业就要创造机会使他们当中的优秀者能够顺利地晋升为中级工程师，再经过几年的历练，企业应根据他们的工作业绩和综合素质的高低，让优秀者往高级工程师的方向发展。

(3) 制定正规化的晋升程序。

正规化的晋升程序对于激发人才的工作积极性极为重要。用人单位要在组织内部形成公开、公平的竞争上岗机制，实施内部信息公开化、透明化管理，向所有人才提供组织岗位调整的各种信息，将职位空缺信息通过正规渠道公布于众(如张贴海报或发布在企业内部网站上)，要明确空缺职位对于人才年龄、资历、竞争方式的要求，要让人才了解整个晋升过程。正规化的晋升程序可以让人才感觉到晋升程序是公开、公平的，让人才认为只要符合条件都有机会参与竞争上岗，促进暂时不符合条件的人才对照晋升条件找出自身存在的不足、明确努力的方向，为下一次竞争上岗做好充分准备，有利于整个企业形成竞争向上的工作氛围。

(4) 注重内部晋升的作用。

当企业内出现岗位空缺时，管理者应首先考虑通过内部晋升的途径来填补空缺职位，这对人才会产生显著的激励效果，会使人才感觉到在企业的发展是有希望的、是有一定的发展机会的，激励人才在现有工作岗位上更加努力地工作，不断提高工作绩效，以获得在企业的晋升机会，实现自身价值。相反，如果企业一旦出现岗位空缺，就采取外部招聘的办法来填补，就会使人才感觉发展前途渺茫、晋升无望，他们便会从心理上放松对工作的要求，工作积极性会不断下降，工作绩效不高，久而久之就会产生离职的想法，导致企业人才不断流失，严重影响企业的发展。

6.3 引进人才与培养人才融合中应注意的问题

6.3.1 积极稳妥地改革用人制度

一个国家综合国力的提高关键在于人才质量的提升，人才的选拔和任用工作是事关用人单位生死存亡的大事，绝对不可掉以轻心。任何一家用人单位都不可能在封闭的系统中生存和发展，都要去适应外部环境的不断变化，去应对外部环境变化给单位内部活动造成的各种影响和危机。人才的选拔和任用归根到底是同人打交道，人才的选用必须要有一个开放的系统方法，要着眼于未来，要根据具体情况，对人才进行恰当而有效地选用，以满足用人单位未来发展对创新型人才的强烈需求。积极稳妥地改革用人制度，不断实现用人制度的创新和发展，提升用人制度对优秀人才的吸引力，是用人单位自身发展的现实需要，也是用人单位不断提高市场竞争力、实现长远发展的必要举措。

(1) 用人制度改革的原则。

第一，要勇于打破用人单位的旧框框，以利于高素质创新人才脱颖而出。传统用人制度的弊端之一就是论资排辈，在提拔人才时，往往考虑的是人才的工作年限和资历，而不是工作能力和工作绩效。在这种论资排辈的用人制度之下，没有人愿意积极主动地承担工作任务，大多数人抱着“做一天和尚撞一天钟”的消极态度应付工作。他们认为，只要自己工作年限到了自然就会得到晋升，自然就会得到提拔，自然就会涨工资、提待遇，自己要做的就是熬年限。可见，这种用人制度极大地打击了有创新能力的优秀人才的工作积极性，严重妨碍了中青年高素质创新人才的脱颖而出，造成了人才资源的巨大浪费和优秀人才的大量流失，严重影响了用人单位的长远发展。因此，改革这种论资排辈的用人制度已经迫在眉睫，改革的效果如何直接关系到用人单位的生死存亡。

要从根本上改革传统用人制度，作为用人单位的管理者，要从思想上认识到改革用人制度的必要性和紧迫性，要下决心、下狠心、下大力气搞好用人制度改革，想方设法破除用人制度改革道路上的各种阻力，消除各种不利影响，切实有效地把用人制度的改革作为单位的头等大事来抓。要制定用人制度改革的时间进度表和具体的政策改进措施，协调和组织好各个部门的具体工作，做到合理分工、有序配合、明确责任，充分调动起各个部门的积极性和主动性，使整个单位上下一心，切实把用人制度改革的各项具体工作落到实处。要加大宣传力度，使全体员工充分认识到传统用人制度存在的弊端，认识到对用人制度进行改革虽然短期内可能会使一部分人的利益受到影响，但从长远来看，科学的用人制度必将为人才主观能动性的充分发挥和人才绩效的提升提供强有力的制度支撑。用人单位的管理者要组织全体员工积极学习本省乃至全国用人制度改革的相关文件，把用人制度改革的具体指导意见及时传递给每一位员工，使他们认识到用人制度的改革是大势所趋，不改革就无从发展，不改革就要落后。员工要充分认识到，只有积极响应国家号召，切实从自我做起，不断提高自身技能，才能在改革的浪潮中不被淘汰、不断发展。管理者要积极学习其他单位用人制度改革的先进经验，在借鉴和参考的基础上制定出适合本单位的用人制度改革的具体措施，并广泛征求全体员工的意见和建议。要切实改革不合理的人才评价制度，注重对人才的综合考量，充分发挥政府、用人单位、社会组织等多元主体的作用，注重评价人才的代表性成果和人才对单位的实际贡献。要在用人单位内部形成正确的用人导向，充分激励各类人才积极创新、大胆作为，营造朝气蓬勃、积极向上的良好组织氛围。

第二，要尊重高素质创新人才的特征和成才规律。现代社会对高素质创新型人才的需求尤为强烈，高素质创新型人才集知识、能力、素质为一身，他们是行业的领军人才、是单位长远发展的中流砥柱。高素质创新型人才通常具有乐于探索、勇于创造、善于创新、不畏艰险、敢于挑战等优点，同时也有恃才傲物、特立独行、不擅交际等缺点。用人单位管理者要深刻认识到高素质创新型人才大都是在某个方面具有某项创新才能的特殊人才，而不一定是全面发展的人才。要充分尊重创新型人才的个体特征、尊重他们的成才规律，要允许他们在创新的过程中犯错误，不能对他们求全责备，否则可能会造成高素质创新型人才的大量流失。另外，用人单位要不拘一格降人才，要对高素质创新型人才充分授权、委以重任，要积极创造条件使他们参与到单位的组织和管理中，使他们为单位的发展献言献策。要给予高素质创新型人才各种政策优惠和必要的资金支持，鼓励高素质创新型人才组建团队，使团队在良好的环境氛围中集中核心力量进行研发和创新工作，多出成果、出好成果，不断提升单位的综合实力和整体竞争力。

第三，人岗匹配。高素质创新型人才是用人单位竞争力提升和经济效益提高的关键。在对高素质创新型人才的使用上，一定要根据用人单位整体发展的需要科学设置工作岗位，并根据岗位职责的具体要求选用适合的人才，做到“人岗匹配、人尽其才”。在此基础上，还要为创新型人才工作的顺利开展提供必要的保障条件，制定相应的人才激励措施，切实解决人才的后顾之忧，使人才以最佳的状态投入到工作中，充分施展自己的才能，实现组织目标和个人目标的高度统一。

第四，鼓励竞争。没有竞争就没有发展，只有在充满竞争的工作氛围中才能最大程度地激发人才的主动性和创造性，才能取得更多高质量的创新型成果。用人单位管理者在对用人制度进行改革时，要把引入竞争机制摆在突出的位置上，鼓励有能力的创新型人才通过竞争上岗的方式获得更广阔的晋升空间。要通过岗位轮换的方式允许人才在单位内部自由流动,使他们熟悉整个单位的工作流程,以增加他们的阅历和经验,为他们创新工作的顺利开展提供必要的保障。

第五,要为人才创造适度宽松的环境。高素质创新型人才的观点和见解往往具有很强的超前性,也可能被大多数人所不能接受。所谓疑人不用、用人不疑,用人单位的管理者决不能因为创新型人才的观点与自己不一致而故意地疏远他们、排斥他们,要有容人之心,要包容他们的不足,和他们共同进步、共同提高。管理者要允许人才自由地发表自己的学术见解,通过座谈、讲座等方式分享他们在创新中的所感、所思、所想,鼓励全体员工向创新型人才学习,促进用人单位整体创新能力和创新水平的提高。

(2) 用人制度改革的目标和途径。

山东省重点用人单位在进行用人制度改革时,要明确改革的基本目标。用人制度改革的首要目标是建立起适应社会主义市场经济体制要求的新用人机制。在这种新的用人机制下,用人单位要更加注重充分激发人才的活力,更加尊重人才的个体特征,更加注重人才之间的差异性。用人制度的改革要在国家宏观调控下,与社会主义市场经济体制相适应,与人才市场的建立相结合,充分尊重人才市场规律。用人单位管理者在选人、育人、评人、用人、留人这五个方面,既要考虑到人才的使用价值和价值之间的关系,也要考虑到人才自身的生存和发展需求,要按经济规律、社会规律和人才成长规律办事。

用人制度改革的另一个重要目标是要有利于人才的选拔、培养和使用。管理者要充分激发人才的工作积极性,要在用人制度的各个环节上下功夫。在新的用人制度下,要建立一套科学合理的人才选拔标准,从知识、能力、素质等方面对人才进行客观评价,在人才的招聘环节上把好关,以招聘到优秀的创新型人才。在人才的培养和使用过程中,要根据不同岗位对人才的不同要求,建立一套系统完善的人才考评指标体系。在考评指标的设置上,要充分考虑到德、能、勤、绩等各个方面,科学设置各个考评指标的比例,使用人单位能够在人才考评指标的指导下明确人才的培养目标和使用状况。

用人制度改革的途径是用人制度改革目标实现的措施和手段的总和。用人制度改革的根本途径，是改革用人单位目前所有的不合理制度，包括培训制度、晋升制度、绩效考评制度等各个方面。

6.3.2 实施人才的测评制度

(1) 创新人才测评制度的重要意义。

在进行人才选拔时，为了不误用一个庸才，也不浪费一个人才，用人单位必须要创新人才测评制度。在人才竞争愈演愈烈的大环境下，创新人才的测评制度尤为重要，科学合理的人才测评制度，不仅是选拔、任用和培养人才的重要基础，更是准确衡量人才工作业绩的重要依据，是用人制度改革的关键点和核心点。

用人单位的管理者要结合本单位人才测评的现实需要和现有人才测评制度的不足之处，对人才测评制度进行大胆地改革和创新，建立全方位、多主体、多维度的人才测评体系，使人才的工作绩效得到更为准确和客观的衡量。在人才的选拔和使用中，要严格遵循人才测评制度的有关规定，在制度落实过程中如果发现存在某些问题和不足之处，比如评价指标的选择不合理、不同评价指标设置的比重不合理等，要及时地加以修改和完善。如果不以测评为依据进行人才的选拔和任用，就很容易造成优才劣用、高才低用、专才杂用，同时也不能准确估计出未来人才的需求量。用人单位在对人才进行测评时，要把正常测评与定期测评相结合，要建立有关人才的文字档案登记制度，以此作为人才的选拔依据。

(2) 创新人才测评的内容和方法。

人才测评的方法有很多种，主要包括自我测评、他人测评、考试法、成绩记录法、对比法，不同的人才测评方法对应不同的内容和要求。

第一，自我测评。自我测评是人才根据用人单位的要求，定期对自己的工作情况进行评价。这种评价可以作为上级对其评价的参考。自我测评的结果往往是最客观公正的,因为人才对自己的情况是最清楚的。自我测评有助于人才及时发现自己工作中的优点和不足,在自我测评的基础上进行自我反思,找出自己和同事之间存在的差距,并制定出具体的绩效改进计划。自我测评还有利于人才自觉培养和提高政治素质和业务素质。为更好地发挥自我测评的效果,人才要在上级领导的指导下制定出自我测评的详细计划,比如多长时间进行一次自我测评,自我测评的结果如何使用等。

第二,他人测评。他人测评是对自我测评的有效补充,主要包括上级测评和群众测评两种方式。上级测评,指的是上级领导依据人才的自我测评和群众测评等文字记录,以及平时的观察等对人才作出测评。群众测评,是指用人单位的其他员工利用与人才相互接触较多的优势,对其工作绩效进行评价。上级测评和群众测评具有重要作用,有助于从不同的层面全面把握人才的具体情况,为人才的选拔和任用提供重要依据。要想提高测评的效果,需要注意:对于上级测评,要突出发挥人才的直接上级在测评中所占的权重,因为直接上级和人才接触的时间最多,对人才的工作态度、知识水平、工作业绩等方面的具体情况最为了解,因此在对人才的测评中最有话语权。对于群众测评,要注重测评的客观公正性,要坚持客观、公正、公开的基本原则,扩大测评人员的参与面,以提高测评结果的可参考性和可使用性。

第三,考试法。考试法分为笔试和口试两种方式。笔试包括四个基本步骤:① 公布考试范围,即在考试之前,将考试所涉及的具体范围告知应试者;② 考前复习、准备,即应试者根据考试范围积极备考,认真复习相关知识点,从知识准备和心理准备两个方面入手,确保以最好的状态投入到考试中;③ 组织考试,即用人单位组织考试,组织应考人员有序入场,确保应试人员遵守考试纪律,确保应试人员在规定的时间内顺利完成考试;④ 公布应试人员的考试成绩。笔试既有优点也有缺点,它可以较为客观公正地测评人才对基本知识的掌握程度和理论水平的高低,通过对考试成绩进行分析便于人才找出自己理论知识掌握不扎实的地方,进而有针对性地采取改进措施。但是,由于笔试是采取书面考试的形式,所以往往难以全面地测评出人才的实际才能、创造才能和应变能力。因此,单纯使用笔试这一种方式对人才进行测评是不合适的,笔试往往需要与口试配合进行。口试可分为问题式口试、漫谈式口试和适应性口试。问题式口试着重了解的是人才的知识水平;漫谈式口试着重了解人才的潜在能力;适应性口试则是有意提出一些极端性的问题,以考察人才的思维能力、应变能力和处理棘手问题的能力。通过各种形式的口试,可以从知识、能力、素质等方面对人才进行全面测评,测评的结果也更具有指导意义。

第四,成绩记录法。这是一个以人才的工作成绩为基础对人才进行测评的方法。用人单位负责测评工作的人员向人才发放单位统一制作的成绩记录卡,成绩记录卡上详细标明被测评者的具体工作项目,测评者在每个工作项目里按月或按周详细地记录了被测评者的实际工作成绩。成绩记录法常常与目标管理结合在一起使用,这种测评方法有助于被测评者按照记录卡上的时间清楚地找出自己所承担项目的工作绩效指标完成情况,找出与所制定目标的具体差距。

第五,对比法。与其他四种测评方式不同,对比法是一种相对的测评方法,是被测评者通过与别人的对比找出自身的不足,进而采取相应的改进措施。对比法的基本操作步骤是:用人单位事先规定好测评的具体项目;将同一级被测评人员编成一组;测评人员按事先规定的测评项目,对被测评者一项一项地进行对比评分。对比法的评分方法是:每人比较,胜者得 1 分,负者得 0 分;计算每人的得分数;按分数高低排出名次。这种测评方式可以使被测评者感受到竞争的压力,充分认识到与别人存在的差距,更有利于激发人才的工作积极性。

总之,人才测评的具体方法有很多,既有定性的,也有定量的;既有可以长期使用的,也有短期内临时使用的。在具体的实践过程中,管理者只有将多种测评方法结合起来加以使用,取长补短,并将测评的组合方式根据具体情况适时地加以调整,才能取得比较满意的测评效果。

6.3.3 创新人才的激励机制

用人单位要实现引进人才与培养人才的有机融合，需要不断创新人才的激励机制。作为用人单位的管理者，要关注人才的物质需求和精神需求，采取多种激励方式相结合的措施不断提高人才的工作积极性。管理者应该时刻关注什么样的激励措施有助于提高人才的工作积极性，以及如何将各种激励方式进行组合和搭配才能起到最佳的激励效果。

(1) 激励的方式。

第一，注重发挥思想政治工作的作用。思想政治工作在对人才的激励中具有重要意义：① 思想政治工作有利于从根本上提高人才的政治觉悟。思想政治工作可以洗涤人的心灵，提高人的素养，激发人的斗志，使人才在精神上充满无限的奋斗力量。② 思想政治工作可以提高人才的纪律意识、文化涵养、道德水平，使人才认识到在工作中不仅要维护个人利益，还要兼顾集体利益，要努力实现个人利益与集体利益的协调统一。③ 思想政治工作可以促使人才更加努力地钻研业务知识，不断提高业务水平，努力提高工作技能，使人才更加适应工作岗位的要求，提高与工作岗位的匹配度，提高工作效率，提升组织绩效。④ 思想政治工作能够促使人才时时反思自己的不足，通过查找不足、努力改进，不断地完善自己、发展自己，从而成长为德才兼备的优秀人才。

用人单位在引进人才和培养人才的过程中，要想更好地发挥出思想政治工作的激励作用，需要注意：① 在引进人才时，特别是在人才甄选的过程中，要注重对人才进行思想政治素质的基本考察。人力资源管理部门在招聘人才时要把思想政治素质作为引进人才的“基本门槛”，严格把好思想政治观。对于那些思想政治素质差的人，即便是工作技能水平再高也不能录用。② 在培养人才的各个环节中，要注重提高人才的思想政治水平，比如在培训课程的选择时，可以选择马克思主义哲学、马克思主义政治经济学、科学社会主义、社会主义核心价值观、马克思主义中国化研究、中国共产党思想政治教育史等相关内容进行培训，使人才通过相关课程的学习不断提高自身的思想道德修养水平。③ 在选拔优秀人才时，要把思想政治素质放在突出的地位加以考虑，要注重选拔那些政治素质高、作风正派、在群众中威信高的优秀人才，着力建造一批综合素质高、思想作风正的领导干部队伍，这样才能促进单位更好地发展。

第二，将各种奖励方式有机结合。作为单位中的一员，每一位员工都期望得到同事和领导的认可，当自己为单位做出贡献时都期望得到鼓励和奖励。特别是作为单位中坚力量的优秀人才，他们更加注重自己的付出能否得到相应的回报。当人才在工作中取得进步和成就时，用人单位必须要及时地对人才予以奖励。通过奖励可以增强人才的自我认同感，增强他们的自信心，激发他们的工作动力。对人才的奖励方式有很多种，既有物质奖励，比如提高工资水平、增加奖金额、给予某种实物奖励等，也有精神奖励，比如晋级提升、授予荣誉称号、公开表彰等。用人单位在引进人才和培养人才的过程中，要将物质激励和精神激励这两种激励方式有机融合，充分发挥两种激励方式的作用，以实现最佳的激励效果。

用人单位在引进人才的过程中，要将单位的物质激励措施和精神激励措施详细地告知应聘者，充分宣传用人单位对于人才的优惠措施，以引起应聘者的注意，吸引优秀人才的加入，为单位的长期发展奠定良好的人才基础。比如人力资源管理部门在招聘人才时，要向应聘者详细说明本单位与同行相比在工资、奖金等方面的优势，本单位具体的人才晋升和发展政策措施，人才在工作中做出突出贡献时会得到的奖励。通过广泛地宣传，可以使应聘者充分了解本单位的人才优惠政策，优秀的人才就可能会因为单位良好的政策措施而选择加入。在对人才进行培养的过程中，更要注重对人才的奖励，尤其要注意充分发挥精神激励的作用。比如，对于优秀的人才予以破格提升，安排到重要的岗位或部门工作，以提高人才的工作成就感。作为领导，要对优秀人才予以充分授权，通过授权不但可以减轻管理者的工作压力，还能使人才感受到领导的重视，从而提高工作的积极性和主动性。另外，要给人才提供合适的职业发展阶梯，使人才看到在单位的晋升空间和发展前途，这种精神激励往往能达到比物质激励更好的效果。

用人单位还要注意，在对人才进行奖励时，要将物质奖励与精神奖励充分结合起来，与思想政治工作也要结合起来，这样才能发挥出最大的效用。比如人才在工作岗位上做出突出贡献时，一方面可以给予必要的奖金或奖励，另一方面可以公开予以表彰或者给予适当的提升，这种物质激励和精神激励相结合的方式能最大程度上激发员工的工作积极性。另外，用人单位在对人才进行奖励时也要注意不断创新奖励的方式，新颖的、变化的奖励要比重复的、相同的奖励更能产生理想的激励效果。同时，对人才的奖励不能过于频繁，过于频繁的奖励不但会让人才觉得这种奖励没有价值，甚至还会使人才产生抵触心理。在奖励的同时，还要采取一定的惩罚手段予以辅助，赏罚分明可以教育那些不采纳组织目标或阻碍实现组织目标的个别人员，有助于用人单位取得最佳的激励效果。

第三，工作内容力求丰富化。工作内容丰富化是指管理者把更具有挑战性和成就感的工作内容安排在人才的工作中。工作内容的丰富化和工作内容的扩大化都是通过变换工作的内容而达到激励人才工作积极性的目的。但两者有本质的不同。工作内容的扩大化是指从横向上对工作内容的范围加以扩展，它增加了所设工作岗位的具体工作内容。工作内容的丰富化主要是使工作的内容变得更加多样化和丰富化，以达到提高人才工作热情、激发人才工作积极性的目的。工作内容的丰富化通过使工作本身发生某种变化，垂直地增加了工作内容，使人才在原来所从事工作的基础上拥有了更大的主动权，可以更好地进行自我管理，更有利于发挥工作本身的激励作用。同时，工作内容的丰富化也使人才所承担的工作任务更重，所担负的责任更大，更有利于人才在自我约束的基础上发挥主动性，使人才更加有责任心、有成就感地去工作，更有利于个人绩效和组织绩效的提升。

第四，健全完善规章制度。用人单位的规章制度虽然表面上来看是对人才工作的一种管制和约束，实际上通过健全完善规章制度可以对人才工作的开展起到良好的激励作用。在一个具有健全完善规章制度的用人单位中，员工会觉得该单位是很正规的、是有发展前途的，他们自然会更加努力地工作，工作的热情和积极性会更高。可以说，健全完善的规章制度是用人单位激励人才的一种无形力量，不但可以使人才的行为更加规范化，还会使人才在遵循规章制度的前提下更加顺利地实现工作目标、完成工作任务。不仅如此，当规章制度按照组织目标的要求逐渐健全和完善时，它通过和目标管理相结合、与人才的行事结果相结合，就会对人才的工作行为起到良好的激励作用。

因此，对于用人单位的管理者而言，必须要不断健全和完善规章制度，一方面要经常去同行单位进行参观学习，借鉴同行单位在规章制度制定方面的先进经验和优秀做法，以不断创新本单位的规章制度，使之更加符合人才的自身需求和发展需要。另一方面，管理者在制定和修改规章制度时要注重征求基层员工的意见和建议，因为基层员工是规章制度的直接接触者，他们最能感受到现有的规章制度是有利于他们工作积极性的发挥还是限制了他们工作积极性的发挥，他们也更加清楚现有的规章制度需要在哪些方面进行完善和修改。所以，作为管理者，必须要注重充分听取基层员工的意见和建议，通过与基层员工的沟通及时发现规章制度中存在的不足之处，并及时加以改进和完善，使人才在健全完善的规章制度之下工作，确保人才的工作积极性得到最大程度的发挥。

(2) 激励的要求。

第一，坚持物质利益原则。物质因素是调动员工工作积极性的首要因素，因此，用人单位在引进人才和培养人才的过程中，必须要坚持物质利益原则。只有满足了人才的基本物质需求，使人才的物质生活得到保障，才会提高人才的主人翁意识，使人才安心留在单位尽职尽责地工作，促进单位的发展。脱离物质利益这一基本原则，再多的激励措施也难以达到理想的激励效果。用人单位的管理者在物质激励的过程中，要坚持按劳分配，结合人才的实际绩效水平给予相应的物质激励，以鼓励人才多出成果、出好成果。在具体的实践过程中，不仅要认真贯彻多劳多得的按劳分配原则，还要把人才的技术、能力等作为分配的重要依据。

第二，随机制宜，创造激励条件。建立激励机制的目的在于创造和维持一种有利于调动积极性的工作环境，创造这种环境需要做到随机制宜，不断创造激励条件。用人单位在引进人才和培养人才的过程中，要结合本单位的具体情况制定和调整激励政策，即使在单位经济效益不高的情况下，也要积极创造条件激发人才的工作积极性。比如在单位经济效益下滑期，可以多采取一些精神激励的方式，使人才感受到单位对他们的重视，认识到即使单位处于困难时期，也始终把他们的利益放在心上。这样做可以充分激发人才的斗志，鼓励他们与单位共同攻克难关、走出低谷、走向成功。

第三，懂得激励过程。用人单位的管理者在对人才进行激励时，要明确五个基本激励步骤：① 确定好激励所要达到的主要目标，只有确定了激励目标才能在此基础上选择有效的激励方式；② 确定要实现激励目标所需要的组织资源，以便组织从各个层面提供必要的资源支持；③ 洞悉人才需要，在了解人才需求的基础上才能判断出他们最期望在哪些方面得到改变和提升；④ 确定有效的激励因素，也就是针对人才的不同需求采取不同的激励措施，并加以有效实施；⑤ 使组织目标与个人目标达到平衡，激励的最终目的是既要确保员工的自身需求得到满足，也要充分保障集体利益，要实现组织目标与个人目标的协调发展。

第四，奖励制度要明确。用人单位要实现引进人才和培养人才的有机融合，必须要在单位内部制定明确的奖励制度。所谓明确的奖励制度，就是奖励制度是成体系化和规范化的，要有对人才奖励的明确文件，在文件中要明确奖励的条件、奖励的标准、奖励的方式。当人才为单位做出贡献时，就可以对照奖励的标准进行奖励，这样既能有效避免其他人员的攀比和不满，又能达到激励人才的目的。

第五，避免消极因素。虽然有时人才缺乏积极性并不都是激励方面的原因，但是要注意到人才的消极情绪，并找出具体的消极因素，不能漠然置之。作为管理者，一方面要注重采取各种激励方式，使人才保持在一种积极向上的工作状态中，促进人才工作效率的提高和组织绩效的提高。另一方面，管理者也要时刻关注人才的消极情绪，要结合人才一段时间内的工作表现分析其存在消极情绪的原因，并通过谈心谈话的方式了解人才内心的真实想法，帮助人才及时化解不良情绪，把消极情绪的影响降到最低。

7 研究结论及不足之处

7.1 研究结论

(1) 笔者通过到山东省重点用人单位进行实地调研，以访谈法和问卷调查法作为主要研究方法，获取了翔实的一手数据资料，并对数据进行了描述性统计分析。对引进人才与培养人才基本情况统计分析的研究结论如下：目前人才市场这种就业渠道是用人单位在引进人才时使用的最主要方式，除了人才市场这种招聘方式外，网上招聘也成为人才就业的主要渠道；大多数被调查者对当前山东省重点用人单位引进人才与培养人才融合情况不满意；从被调查者自身能力发挥状况的调查结果可以看出，人才的自身能力并没有得到最大程度地发挥；大多数被调查者看重物质激励，期望用人单位的工资水平能有较大的提升，这是促进人才发挥其工作积极性的根本保障；对内部公平性的调查情况显示，当前山东省重点用人单位的各项待遇水平存在一定的内部不公平现象，大多数人才认为自己的付出没有在待遇水平上得到很好的体现；对外部公平性的调查情况显示，山东省一些重点用人单位的整体待遇水平在本行业中不占优势，大多数被调查者对单位给予的各项待遇不是很满意，这种外部不公平性严重影响了人才工作积极性的发挥，这也是人才流动率较高的一个重要原因；目前参加培训班是山东省重点用人单位采取的一种最主要的人才培训途径，大多数人才每年获得的培训机会不超过 5 次，大多数人才对单位所采取的培养人才途径不满意，培养人才途径的单一化严重影响了人才工作技能的提升和工作积极性的提高；目前山东省重点用人单位引进人才与培养人才融合度不高，很多用人单位要么只重视引进人才，要么只重视培养人才，甚至有的用人单位引进人才和培养人才两方面都不够重视，大多数被调查者认为用人单位要实现引进人才与培养人才的有效融合，就必须为人才提供相应的培训，还要制定引进人才与培养人才融合的相关制度。

(2) 对引进人才与培养人才具体情况的统计分析结果显示，目前造成山东省重点用人单位引进人才的数量不足、质量不高的原因是多方面的，主要表现为：引进人才的渠道不够宽广、用人单位的政策优惠幅度和范围不够、管理层对人才工作不重视等；用人单位在人才选用中比较看重的前三大因素分别是人才的创新能力、人才的沟通能力、人才的学历层次；大多数人才对用人单位能否提供必要的培训机会非常看重，认为只有通过适当的培训才能使自己的知识技能水平得到不断提高，人才期望获得培训机会和学历提升的愿望比较强烈；被调查者普遍认为影响人才发展的最主要因素是领导的重视程度，其次是单位的人才激励机制和当地政府的人才支持力度；大多数被调查者认为引进人才与培养人才融合中存在的主要问题是用人单位缺乏引进人才与培养人才融合的有关制度，被调查者认为管理层将较多的精力放在培养人才方面，而对于引进人才工作不够重视，两者没有很好地融合；大多数被调查者认识到引进人才与培养人才这两个方面缺一不可，必须相互补充，用人单位在引进人才时必须严格把好招聘关，要不断拓宽引进人才与培养人才融合的渠道。

(3) 通过对调查数据进行因子分析，找出了影响山东省重点用人单位引进人才与培养人才融合的六大维度，分别为：领导及同事方面的影响、外在性报酬方面的影响、规章制度与环境方面的影响、职业生涯发展方面的影响、用人单位方面的内部影响、当地政府方面的外部影响。通过分析性别、年龄、学历、所从事的岗位、在本岗位的工作年限等个体变量对引进人才与培养人才融合各维度的影响，得出以下结论：性别对领导及同事方面的影响、外在性报酬方面的影响及用人单位方面的内部影响这三个维度不显著，性别对规章制度与环境方面、职业生涯发展方面的影响及政府方面的外部影响这三个维度均有较为显著的影响；年龄对规章制度与环境方面的影响、用人单位方面的内部影响及当地政府方面的外部影响不显著；对领导及同事方面的影响、外在性报酬方面的影响、职业生涯发展方面的影响较为显著；学历对领导及同事方面的影响、用人单位方面的内部影响、当地政府方面的外部影响不显著，对外在性报酬方面的影响、规章制度与环境方面的影响及职业生涯发展方面的影响较为显著；所从事岗位对领导及同事方面的影响、外在性报酬方面的影响、用人单位方面的内部影响及当地政府方面的外部影响非常显著，对规章制度与环境方面的影响、职业生涯发展方面的影响不显著；在本岗位的工作年限对领导及同事方面的影响、外在性报酬方面的影响及职业生涯发展方面的影响非常显著，对规章制度与环境方面的影响、用人单位方面的内部影响、当地政府方面的外部影响不显著。

(4) 在对山东省重点用人单位进行实地调研后，笔者发现山东省重点用人单位在引进人才与培养人才融合中主要存在以下问题：缺乏系统完善的引进人才与培养人才体系，缺乏引进人才与培养人才的长效机制，引进人才与培养人才措施缺乏针对性，缺乏引进人才与培养人才的配套措施，培养人才中薪酬激励不到位，对人才的精神激励不到位，重视短期激励方式、忽视中期激励和长期激励方式，对人才的有效授权不到位，晋升制度不健全等。造成这些问题的原因主要有：缺乏对引进人才与培养人才融合重要性的正确认识、缺乏对人才需求的了解、缺乏科学的绩效考核体系、缺乏优秀的企业文化、人才自身职业素质的缺陷、管理者与人才双方缺乏有效沟通等。

(5) 通过介绍黑龙江省、江苏省、浙江省、广东省在引进人才和培养人才方面的有关做法，有助于为山东省重点用人单位如何有效地开展引进人才和培养人才工作，促进引进人才和培养人才的有效融合提供借鉴。黑龙江省注重创新高层次引进人才方式、不断加快推进人才管理体制改革、完善产学研用协同育人模式、改进创新型科技培养人才支持方式、注重对创新型企业家的培养、创新技术技能培养人才模式、注重培养青年优秀人才。江苏省鼓励社会各方力量参与引才，为高端人才来江苏创业搭建良好的平台，支持“招院引所”，鼓励开发区与高校、科研院所共建研究院（所），共建产业技术创新联盟，共同引才育才，共享科研设备设施，积极建立学术休假制度，实施大学生企业工程师培育计划，鼓励优秀大学毕业生到企业工作，实施百千科技企业家培育工程、建立健全高技能培养人才体系，注重培养技艺精湛的技能人才。浙江省为加快吸纳和集聚高层次人才开通了绿色通道，采取措施积极推行人才柔性流动，鼓励用人单位通过购买先进技术引进急需人才，政府出台政策明确高等院校出于引进人才的需求可以特设岗位，引进的高层次人才可以不受单位岗位总量的限制，加大对博士和博士后培养支持力度，试点青年人才选举制度，加强文化产业培养人才管理，充分调动社会力量参与青年人才的培养工作。广东省为进一步优化人口结构，推进实施人才强市战略，大力聚焦优秀人才，积极主动地引进海外高层次人才，建立“不求所有、但求所用”的柔性引才长效机制，对于特殊的人才实施特殊的政策支持，做到了“特才特保”，政府对人才的培养提供充足的资金支持，强化博士和博士后培养人才机制，打造急需的高层次培养人才平台，准确把握高层次人才职业的风险性，建立高层次人才安全体系。

(6) 结合山东省重点用人单位引进人才与培养人才中存在的有关问题，从各个角度提出引进人才与培养人才融合的有关对策。

首先要重视引进人才过程，为培养人才奠定良好的基础。在引进人才的过程中，要注意宁缺毋滥，一旦发觉招错了人应当机立断，要引进能自我激励的人才和德才兼备的人才。用人单位引进人才的主要内容包括：确定候选人当前必须符合的人才标准、确定候选人来源、确定引进人才的具体考量方式、确定引进人才过程应包含的阶段以及每个阶段的内容、确定各阶段应参与的工作人员以及工作职责和工作方式。要制定有效的引进人才流程，在初审的过程中要注意对简历的筛选，人力资源管理部门在简历筛选时可根据应聘岗位的具体需求情况有侧重地加以关注。在面试工作正式开始之前，面试人员要通过查看简历等方式了解应聘者的受教育程度、工作经历、工作技能等。在面试的过程中，面试人员要根据应聘人员的具体情况有针对性地与应聘人员进行交流，以更有效地获取所需要的关键性信息。在面试阶段，面试人员要注意运用“二八原则”，即：将 80%的时间用来认真听取应聘人员对所提问题的回答，将 20%的时间用来发表自己的见解，要注意面试中的沟通方法，注意避免一些常见的错误；要运用人才甄选工具提高人才甄选的精准度，通过知识技能过滤、行为能力过滤、人格深层次类型过滤、核心文化过滤等，有效地提高人才甄选的效率，降低人才甄选的成本；要注重招聘甄选中的激励，根据求职者的类型把握好求职者的需求，注意展现招聘人员的综合素质，招聘人员要与应聘者坦诚相见。

其次要着力提高用人单位培养人才的质量。要把合适的人才放在合适的位子上，要根据人才的能力匹配合适的岗位，根据人才的长处匹配合适的岗位，根据人才的短处匹配合适的岗位，根据人才的兴趣匹配合适的岗位，根据人才的气质性格匹配合适的岗位。要对人才提供系统的培训，进行系统科学的培训需求分析，确定人才的培训要求和培训层次，确定好培训的具体内容，选择正确的培训方式，对培训进行及时的评估总结。要注重对人才的授权，明确哪些工作可以授权、明确哪些工作不应该授权，要找对受权人，注重授后监控。要给人才制定明确的目标，应树立明确的经营理念和经营目标，使人才对目标有清晰的把握，要确保每个目标的设置必须清晰、具体、明确。要引入竞争机制，让人才时刻绷紧执行的弦，为人才锁定竞争目标，为人才确立竞争对手，使用末位淘汰机制。用人单位在人才不同的职业生涯阶段，如职业探索阶段、职业建立阶段、职业中期阶段、职业后期阶段应采取不同的方式给予适当的职业帮助，以充分激发人才的工作积极性。要制定激励性的薪酬制度，注重薪酬的内部公平性，确保薪酬的外部竞争性，结合人才的特点采取不同的薪酬激励方式。要注重对人才的绩效考评，制定系统完善的绩效考评体系，构建科学的绩效考核指标体系，设计合理的绩效考评标准，注重绩效反馈。要通过晋升激励人才，明确晋升的原则，建立晋升阶梯，制定正规化的晋升程序，注重内部晋升的作用。

用人单位在引进人才与培养人才融合中应注意：积极稳妥地改革用人制度，要打破旧框框，以利于高素质创新人才脱颖而出，要尊重高素质创新人才的特征和成才规律，鼓励人才充分竞争。实施人才测评制度，通过自我测评、他人测评、考试法、成绩记录法、对比法的结合使用，力求取得良好的测评效果。要创新人才的激励机制，注意激励的方式和激励的要求。

7.2 研究不足之处

本研究在取得了一定成果的同时也存在一些不足之处，需要后续相关研究进行完善。研究不足之处主要表现在以下几个方面：

(1) 笔者长期在高校从事一线教学工作，缺乏山东省重点用人单位人力资源管理方面的实践经验，在研究中主要是采用对用人单位的管理者和人才进行访谈和问卷调查的方式获取资料，通过对数据的分析找出当前山东省重点用人单位引进人才和培养人才以及引进人才和培养人才融合中存在的问题，并提出相应的解决对策。由于实践经验的缺乏，加之时间和条件的限制，提出的山东省重点用人单位引进人才和培养人才融合的研究设想，难免会存在一定程度的局限。

(2) 本研究所设计的山东省重点用人单位引进人才与培养人才融合发展情况的调查问卷样本量共计 750 份，与山东省重点用人单位庞大的人才数量相比较样本量较少，不能完全准确地反映出山东省重点用人单位引进人才与培养人才融合中存在的主要问题。调查问卷样本的区域分布不够均匀，没有对山东省各个地区重点用人单位人才的具体情况进行详细了解，导致不能较好地分析出不同地区人才需求的差异性，以提出更加有针对性的解决对策。本研究的调查问卷，主要是通过查阅文献资料，并考虑到山东省重点用人单位人才的具体情况，进行相应的修改完善而形成的，在问卷有关题项的设计上难免过于主观。

(3) 本书主要研究的是山东省重点用人单位引进人才与培养人才融合的有关问题，但是山东省内不同地区由于经济发展水平不同、人才的需求不同，在引进人才与培养人才，以及引进人才与培养人才融合的过程中所需要重点解决的问题也会有所差异。但是由于各方面条件的限制，本书没有将山东省不同地区重点用人单位引进人才与培养人才的具体情况进行对比分析。

7.3 未来需要进一步研究的内容

(1) 理论研究是实证研究的前提和基础，在对山东省重点用人单位引进人才与培养人才融合发展问题的相关研究中，需要进一步加深人才理论问题的研究，找出引进人才与培养人才融合问题的理论契合点。

(2) 调查问卷的质量直接关系到数据分析结果的准确性和有效性，为提高调查问卷的质量，在调查问卷相关题项的设计上还需要进一步完善，要充分征求专家及被调查者的意见和建议，力求调查问卷能从各个角度全面地反映出山东省重点用人单位引进人才与培养人才融合中存在的有关问题。

(3) 在提出引进人才与培养人才融合的有关对策时，需要结合山东省不同地区的具体情况进行详细的分析，找出不同地区之间的共性和差异性，并进行详细的对比分析，在此基础上提出更有针对性的引进人才与培养人才融合发展的有关对策，以提高对策的实用性。

附 录

山东省重点用人单位引进人才与培养人才融合发展情况调查问卷

尊敬的先生/女士：

您好！

为了更好地了解山东省重点用人单位引进人才与培养人才融合发展的有关情况、更好地制定相关人才政策、促进山东省经济的发展，组织本次问卷调查工作。您的意见和建议对我们课题的开展具有非常重要的意义。为了保护您的隐私，此次问卷采用匿名填写的方式，我们保证所获得的有关数据只用于统计分析。问卷填写大约需要花费您20分钟的时间，非常感谢您的配合！

一、单项选择题

1. 您的性别是______。

A. 男　　B. 女

2. 您的年龄是______。

A. 30岁及以下　B. 31～40岁　C. 41～50岁　D. 51岁及以上

3. 您的学历层次是______。

A. 高中及以下　B. 大专　C. 本科　D. 研究生及以上

4. 您所在的工作岗位是______。

A. 一般管理岗位　B. 中层管理岗位　C. 高层管理岗位

5. 您在贵单位的工作年限是______。

A. 3 年及以下　　B. 3 年以上、5 年以下

C. 5 年以上、10 年以下　　D. 10 年以上

6. 您是通过什么渠道到贵单位工作的？______。

A. 校园招聘　B. 网上招聘　C. 人才市场　D. 熟人介绍

E. 其他方式

7. 您对贵单位引进人才与培养人才融合情况满意吗？______。

A. 满意度很高　B. 满意度较高　C. 满意度一般

D. 满意度较低　E. 没有满意度

8. 您认为自己目前的能力发挥程度为多少？______。

A. 30%以下　B. 30%～50%

C. 50%～80%　D. 80%～100%

9. 在影响引进人才和培养人才的因素中，您最看重的是哪一条？____。

A. 获得更广阔的晋升空间　B. 获得领导的信任和授权

C. 工资水平有较大提升　D. 福利水平有所改善

E. 企业拥有良好的文化氛围

10. 您认为您的各方面待遇在本企业中所处的水平是怎样的？______。

A. 领先水平　B. 较高水平　C. 一般水平　D. 较低水平

E. 最低水平

11. 您认为您的各方面待遇在本地区同行业中所处的水平如何？______。

A. 领先水平　B. 较高水平　C. 一般水平　D. 较低水平

E. 最低水平

12. 您参加培训的主要途径是什么？______。

A. 会议交流　B. 讲座　C. 培训班　D. 相关考核　E. 其他

13. 您所在的单位每年对您进行几次培训？______。

A. 1～3 次　B. 3～5 次　C. 5～10 次　D. 10 次以上

14. 您认为贵单位的培养人才途径现状如何？______。

A. 培养途径单一，不满意　B. 培养途径多样，满意

C. 培养途径中等，有待提高

15. 在引进人才与培养人才融合方面，您认为贵单位存在的主要问题是什么？______。

A. 重视引进人才，忽视培养人才

B. 重视培养人才，忽视引进人才

C. 引进人才与培养人才都不重视

16. 在引进人才与培养人才融合这个问题上，您认为企业最应该加以改进的是哪一方面？______。

A. 制定引进人才与培养人才融合的相关制度

B. 提供引进人才与培养人才融合的相应培训

C. 加大对引进人才与培养人才融合的有关宣传

D. 建立引进人才与培养人才融合的配套措施

二、多项选择题

1. 您认为贵单位在引进人才方面存在问题的主要原因有哪些？______。

A. 引进人才的渠道不够宽广　　B. 管理层对人才工作不重视

C. 政策优惠幅度和范围不够　　D. 缺乏优秀的企业文化

E. 人才公共服务不到位　　F. 市场与社会力量参与不足

2. 您认为贵单位在人才选用中所重视的因素有哪些？______。

A. 重视年龄　　B. 重视学历　　C. 重视创新能力

D. 重视沟通能力　　E. 重视外语能力　　F. 其他

3. 您认为贵单位在培养人才方面存在哪些问题？______。

A. 人才获得的培训机会太少

B. 对新引进的人才没有系统的培训计划

C. 难以为人才提供适当的锻炼平台

D. 人才的发展空间有限

E. 企业的绩效考核不完善

F. 企业的薪酬福利水平低

4. 您认为影响人才发展的主要因素是什么？______。

A. 领导的重视程度　　B. 政府的支持力度

C. 单位的人才激励机制　　D. 培养人才经费

E. 社会保障体系　　F. 其他

5. 您认为比较有效的培养人才途径有哪些？______。

A. 政府或用人单位的科研项目资助

B. 列入单位的培养人才对象

C. 有机会接受继续教育

D. 国内相关专业或业务的培训机会

E. 单位支持的学历提升教育

F. 其他

6. 以下哪些因素会影响您的就业选择？______。

A. 地方人才政策　　B. 单位工资待遇

C. 当地消费水平　　D. 当地基础设施建设水平

E. 当地社会保障体系水平　　F. 工作发展前景

7. 在引进人才与培养人才融合方面，您认为贵单位存在哪些问题？____。

A. 管理层将较多的精力放在引进人才方面

B. 管理层将较多的精力放在培养人才方面

C. 在选拔人才时，管理层只有在单位内部没有合适的人选时才考虑引进人才

D. 在选拔人才时，管理层首先考虑的是从外部引进人才

E. 单位缺乏引进人才与培养人才融合的有关制度

F. 管理层对引进人才与培养人才融合的思路不清晰

8. 要使引进人才与培养人才有机融合，您认为企业应该采取哪些措施？______。

A. 制定合理的引进人才与培养人才融合的相关制度

B. 拓宽引进人才与培养人才融合的有关渠道

C. 管理层将引进人才与培养人才放在同等地位予以重视

D. 严格把好招聘关，选择优秀的人才，为培养人才奠定良好的基础

E. 引进人才与培养人才相互补充

三、请您仔细阅读下面有关问题的描述，并在与您看法一致的方框内打“√”(1 表示“非常不同意”，2 表示“不同意”，3 表示“一般”，4 表示“同意”，5 表示“非常同意”)

序号	描　述	1	2	3	4	5
1	我期望在工作中能够得到其他部门同事的有力配合	□	□	□	□	□
2	领导应该制定系统完善的引进人才与培养人才融合的规章制度	□	□	□	□	□
3	我期望在工作中能得到本部门领导、同事的有力配合	□	□	□	□	□
4	我期望在工作中获得领导的信任和授权	□	□	□	□	□
5	我期望领导能改变任人唯亲的做法，为人才发展提供更多的机会	□	□	□	□	□
6	企业要根据人才的绩效水平确定相应的工资水平	□	□	□	□	□
7	企业要加大对人才的奖金激励	□	□	□	□	□
8	企业要大力提高人才的工资待遇水平	□	□	□	□	□
9	企业要为人才提供股票、期权等长期激励方式	□	□	□	□	□
10	企业要为人才提供多样化的福利激励制度	□	□	□	□	□
11	企业要建立系统完善的绩效考评制度，科学地考核人才的贡献	□	□	□	□	□
12	企业要建立民主、公平的内部环境	□	□	□	□	□
13	企业内部要建立人才与上级领导沟通的有效渠道	□	□	□	□	□
14	企业要建立系统完善的薪酬制度	□	□	□	□	□

（续表）

序号	描　述	1	2	3	4	5
15	企业要营造良好的企业文化氛围，以吸引优秀人才的加入	□	□	□	□	□
16	企业要建立科学合理的内部晋升制度	□	□	□	□	□
17	企业要为人才提供更多的参加培训、进修等学习机会	□	□	□	□	□
18	企业要让人才看到在企业的发展前景	□	□	□	□	□
19	企业要将人才的发展与企业的长远发展结合起来	□	□	□	□	□
20	企业应改变那种论资排辈的现象，让有能力的人脱颖而出	□	□	□	□	□
21	企业要使有能力的人才及时得到提拔	□	□	□	□	□
22	管理层要提高对引进人才和培养人才融合的重视程度	□	□	□	□	□
23	企业要加大对引进人才和培养人才的政策优惠幅度	□	□	□	□	□
24	企业要拓宽引进人才和培养人才的渠道	□	□	□	□	□
25	企业要加大对引进人才和培养人才方面的资金投入	□	□	□	□	□
26	当地政府要加大资助力度，使高层次人才获得更多的进一步深造的机会	□	□	□	□	□
27	当地政府要给予用人单位更多的资金支持	□	□	□	□	□
28	当地政府要提高基础设施建设水平	□	□	□	□	□
29	当地政府要不断完善社会保障体系	□	□	□	□	□
30	当地政府要加大对引进人才的政策支持力度	□	□	□	□	□

参考文献

[1] 邓恩.公共政策分析导论(第四版)[M].谢明,伏燕,朱雪宁,译.北京:中国人民大学出版社,2011.

[2] 黄国勋,席鸿建,曾冬梅.地方综合大学人才培养模式整体改革研究[M].南宁:广西民族出版社,2001.

[3] 江婷.我国地方政府人才政策的价值导向研究——以江苏省苏州市与陕西省咸阳市为例[D].苏州:苏州大学,2007.

[4] 梁伟年.中国人才流动问题及对策研究[D].武汉:华中科技大学,2004.

[5] 刘畅.地方政府高层次人才柔性引进问题研究——以日照经济技术开发区为例[D].青岛:青岛大学,2017.

[6] 谭菊华.中国高等教育人才培养模式改革研究——基于大学生就业视角[D].武汉:武汉大学,2014.

[7] 王晓丹.国际人才竞争背景下我国海外人才引进机制的完善[D].北京:中国人民公安大学,2017.

[8] 西蒙.现代决策理论的基石:有限理性说[M].杨砾,徐立,译.北京:北京经济学院出版社,1989.

[9] 张雷.山东省引进海外高层次人才问题研究[D].济南:山东大学,2012.

参考文献

[1] [illegible]斯.公共政策分析导论(第四版)[M].谢明,伍慧,张雪[illegible]译.北京:中[illegible]大学出版社,2011.
[2] [illegible]
[M].[illegible]出版社,2011.
[3] [illegible]
[illegible]博士学位论文].[illegible],200[illegible].
[4] [illegible]研究[D].[illegible]大学,201[illegible].
[5] [illegible]
[illegible]D].[illegible]大学,2017.
[6] [illegible]
[D].[illegible]大学,2014.
[7] [illegible]研究[D].北京:
中国人民公安大学,2017.
[8] [illegible]与决策[M].[illegible]译.北京:[illegible]
[illegible]出版社,19[illegible].
[9] [illegible]研究[D].[illegible]:山东大学,2012.